윌리엄 고드윈(William Godwin, 1756~1836)
18세기 영국의 진보적인 교육사상가.
평범한 아이들의 타고난 학습 능력을 인정하면서도
체계적이고 계획적인 교육의 힘을 신뢰했다. 교육 실패의
원인은 교육이 지닌 힘의 한계가 아니라 잘못된 교육이념과
방법에 있다고 비판하며, 자율적인 학습 동기를 불러일으키는
교육의 필요성을 주장했다. 『질문하는 법』은 그의 이런
교육관이 잘 정리된 책으로 1797년에 출간되었는데도 현재
교육학자들의 관점과 놀랄만큼 일치한다.
1756년 잉글랜드에서 태어난 그는 어려서부터 신학을 공부해
목사가 되었지만 프랑스 계몽사상을 접한 후 목사 일을
그만두고 런던으로 이주해 글쓰기에 전념했다. 사회악은
정치제도에서 비롯되며 사유재산의 부정과 생산물의 평등
분배로 사회정의를 실현할 수 있다고 주장한 『정치적 정의에
관한 고찰』(An Enquiry Concerning Political Justice,
1793)로 영국 사상계에 이름을 알렸고 '최초의 아나키스트'로
입지를 굳혔다. 여성해방운동가 울스턴크래프트와
결혼해 후일 『프랑켄슈타인』을 쓴 메리 셸리를 낳았고,
아동문학출판사를 열어 성경과 역사를 다룬 여러 권의
어린이책을 집필하고 다양한 유럽 작가들의 책을 번역
출간했다.

박민정
대학에서 영어교육학을 전공했다. 졸업 후 여러 영화제와
그림책 원화전에서 코디네이터로 일하고 기업에서 사보를
만들었다. 뒤늦게 영어학과 교육과정론에 흥미가 생겨
더듬더듬 혼자 공부하고 있는 밀롱게라.

질문하는 법

The Enquirer

: *Reflections on Education, Manners, and Literature*

by William Godwin.

© William Godwin

Korean translation © 2020 UU Press

질문하는 법

스스로 묻고 해결하는 사람으로
키우기 위하여

윌리엄 고드윈 지음 · 박민정 옮김

질문할 줄 아는 사람이 되기 위하여

지난 200년간 인간의 의식은 얼마나 진보했을까요? 예전부터 저는 시간 여행이 가능하다면 산업화가 일어나던 시기의 영국에 가 보고 싶다고 생각했습니다. 인간의 생활이 가장 많이 변화했던 시기에 사람들이 어떤 생각을 가지고 살았을지 궁금했기 때문이지요. 그런데 지금 만약 누군가가 시간 여행을 데려가 준다면 1797년 3월 29일 런던 북서부의 서머스타운으로 가 보고 싶습니다.

　이날 서머스타운의 세인트팽크러스교회에서 한 쌍의 남녀가 결혼식을 올렸습니다. 여성은 이미 다른 사람과의 사이에서 낳은 아이가 있었지만 남성은 개의

치 않았지요. 두 사람은 몇 년 전에 서로 알고 지내던 출판업자의 집에서 처음 만났고, 이후 여자가 쓴 책을 읽고 남자는 이런 글을 남겼습니다. "읽고 나서 저자와 사랑에 빠지게 되는 책이 있다면, 바로 이 책이 그렇다."

그 여성은 여성 인권을 누구보다 먼저 사회에 요구했던 메리 울스턴크래프트였고 남성은 아나키스트의 대부라고 불릴 만큼 급진적인 사상가였던 윌리엄 고드윈이었습니다. 고드윈은 몇 해 전 일어났던 프랑스혁명에 크게 고무되어 혁명을 옹호하는 글을 쓰기도 했습니다. 동시에 아동교육에 관심을 가진 교육사상가이자 자신의 딸을 작가로 키워 낸 아버지였습니다. 윌리엄 고드윈과 메리 울스턴크래프트는 결혼한 그해 8월에 딸을 얻었습니다. 바로 『프랑켄슈타인』을 쓴 작가 메리 셸리입니다. 그리고 같은 해에 윌리엄 고드윈은 이 책 『질문하는 법』을 썼습니다. 태어날 아이를, 그리고 아마도 아내가 데려왔을 다른 아이도 키워야 하는 아버지로서, 그리고 책을 사랑하는 독자이자 작가로서 쓴 책이었습니다.

고드윈은 특이한 이력을 가진 작가였습니다. 장로교의 목사가 되기 위한 교육을 받았지만 프랑스혁명의 이론적 토대를 제공한 루소 등에 감화되어 목사가 되기를 포기하고 오히려 더 급진적인 사회 발전을 요구하는 사상가이자 작가가 되었지요. 그는 보수적이고 강압적인 당시 교육에 변화가 필요하다고 생각했습니다. 그리고 놀랍게도 그가 『질문하는 법』에서 제안한 내용은 대부분 현대 교육학자들이 고민하는 부분과 일치합니다. 예를 들어 고드윈은 아이들이 학습하는 데 무엇보다 중요한 것은 공부하고자 하는 욕구, 즉 '학습 동기'이고, 이를 고취하려면 아이 스스로 어떤 공부를 할지 선택하도록 해야 한다고 썼습니다. 같은 식으로 자기효능감 이론을 대표하는 학자 앨버트 밴듀라(1925~)는 학습 동기의 주요한 요소인 자기효능감을 높이려면 아이가 선택권을 갖는 것이 중요하다고 말합니다. 고드윈은 또한 학습에서 주의력이 얼마나 중요한지 자주 언급하는데, 이는 교육학자 존 M. 켈러(1938~)가 학습 동기의 중요성을 강조하면서 제시한 요소 중 주의 집중에 해당합니다. 이 책의 마지막 장은 단순히 다른 사람의 말을 듣는 것과 독서가 학습에 어떻게 다른 영향을 미치는지 서술합니다. 마치 유튜브와 팟캐스트로 독서를 대신하는 요즘 상황에 대해 200년 전에 미리 이야기하는 것 같지요.

마지막으로, 천재가 아닌 그저 그런 재능을 가진 아

이를 어떻게 키울 것인가에 관한 이야기가 아이를 키우는 엄마인 제게는 무척 인상 깊었습니다. 기계문명을 넘어 이제는 인공지능의 세상이라고들 합니다. 단순한 기술이나 기능을 배우는 것으로는 한계가 있으니 자신의 재능을 찾으라고 합니다. 그렇지만 막상 아주 특별하고 완벽한 재능을 타고난 아이는 무척 드물지요. 제 아이들도 마찬가지입니다. 그렇다면 평범한 재능을 가진 아이를 우리는 어떻게 키워야 할까요? 고드윈은 이 질문에 정답을 제시하기보다 질문의 방향을 바꿔 보게 합니다. 재능이 있다는 것이 어떤 의미인지 생각해 보라고 말합니다.

2020년에도 아이들은 입시에 시달립니다. 부모도 마찬가지고요. 학원비를 버는 노예라고 스스로를 비하하는 부모도 있습니다. 실제로 그리스에서는 상류층이 아이들의 교육을 위해 따로 페다고고스라는 교노校奴 혹은 교복教僕을 두기도 했습니다. 이 페다고고스는 현대 교육학을 가리키는 페다고지의 어원이기도 합니다. 21세기 한국에서는 부모가 교육비를 버는 기계, 아이들을 학교와 학원으로 실어 나르는 교복의 기능을 겸하지만, 막상 교육부와 교육학자가 내놓는 각종 교육제도와 교육과정은 이런 현실과 너무 동떨어져 보이기도 합니다.

그러나 교육 문제는 어제오늘 일이 아니고 우리나라만의 문제도 아닙니다. '선진국'이라는 북유럽에도 그 나름의 문제가 있고, 그 안에서 해결 방법을 찾기 위해 학자와 교사, 학부모와 학생이 고군분투하고 있습니다. 18~19세기 영국에서도 교사와 부모가 아이를 어떻게 키우고 교육할지 고민했습니다. 1960~1970년대 한국처럼 당시 영국도 산업화와 기계화를 거치며 많은 사람이 공장 노동자로 일하며 가족과 함께 삶을 일구고 있었습니다. 그런 노동자의 아이들이 학교에 다니면서 좀 더 나은 사회계층으로 올라가려고 노력하고 경쟁했습니다. 도버해협을 사이에 둔 프랑스에서는 혁명이 일어났고, 사람들은 격변하는 사회에 적응하기도 하고 때로는 그 여파에 휩쓸리기도 했습니다. 이 책을 번역하면서 당시 영국인은 지금과 많이 다른 시간과 공간에서 살았지만 여러 면에서 지금의 우리와 많이 닮아 있다고 느꼈습니다.

또한 18세기 영국 런던의 어느 거리에서 고드윈을 만나는 상상을 했습니다. 그 시대의 가장 진보적 지식인이었던 젊은 신사에게 지금 우리 아이들의 교육과 교육을 둘러싼 사회 문제에 관한 이야기를 들려주고 뭐라고 했을지 그려 보았지요. 분명한 것은 당시 그가 다루던 문제가 지금 우리 상황과 많이 다르지 않고, 우리가 고민하는 문제에 대해 그 역시 답을 찾고 있었다는 점입니다. 이 책은 현대 학자들이 얻은 결론에 매우 근접하면서도 동시에 교육에 대한 구체적이고 현실적인 조언을 담고 있습니다. 200년이 넘는 시간차가 있지만 아이는 여전히 아이고 어른은 여전히 어른이기 때문인가 봅니다.

한때 아이였던 사람으로 한때 아이였던 여러분과 함께 이 책을 읽게 되어 기쁩니다.

2020년 9월
박민정

1
{ 생각하는 법 배우기 }

모든 수신修身의 과정이 그렇듯 교육이 추구하는 진정한 목표는 행복이다. 개인에게는 행복이 무엇보다 중요하다. 그리고 개개인이 행복하면 인류라는 종 전체가 행복해진다. 인간은 사회적 존재다. 사회에서 사람들은 이해관계로 복잡하게 얽히고설켜 서로 떼어 놓고 생각하기 어렵다. 그러니 인간은 서로 돕는 법을 배워야 한다. 교육의 첫 번째 목표가 인간의 행복이라면, 두 번째 목표는 서로를 돕는 훈련, 즉 선한 마음을 기르는 것이어야 한다.

　　여기에는 다른 이유도 있다. 선한 마음은 개인의 행복에 꼭 필요한 요소다. 우리에게 선한 행동보다 더 큰 기쁨을 주는 것이 있을까? 자기만족에 그치거나 타인과 공감하지 못하는 행복은 어딘가 만족스럽지 않고 경직되기 마련이다.

인간이 선해지려면 먼저 현명해져야 한다. 모든 선한 행동은 결국 상반되는 동기와 보상 사이의 타협이다. 진정한 선의를 가진 인간은 강한 포용력과 긴 안목을 갖춘 사람이다. 남달리 다른 이에게 도움이 되는 사람은 남다른 교육을 통해 길러진다. 그러려면 기민한 판단력과 강한 열정이 필요하다.

선함만큼, 지혜나 잘 벼려진 지적 능력이 얼마나 중요한지는 엄밀히 말하면 두 가지 측면에서 생각해 볼 수 있다. 지혜는 미덕의 수단이기도 하지만, 행복에 이르는 수단이기도 하다. 정제된 이해력과 불굴의 열정을 지닌 사람은 무지한 사람은 도달할 수 없는 수많은 즐거움을 만끽할 수 있다. 이런 즐거움은 적어도 현명한 사람과 무지한 사람이 갖는 어떤 공통점보다 더 정교하고 더 확실하고 더 오래가는 데다 어디서나 찾을 수 있다.

따라서 올바른 교육이 추구해야 하는 중요한 목표는 행복과 선과 지혜가 아닐까? 그리고 지혜라는 말은 폭넓은 지식과 목표를 좇는 열정을 모두 포함한다.

아이가 태어나면 그의 교육자는 가장 먼저 아이의 생각을 일깨우고 아직 형태가 잡히지 않은 사고의 덩어리에 영혼을 불어넣는 일을 목표로 세워야 한다. 일반적으로 아이들이 각자 가지고 태어나는 능력의 세밀한 차이는 누구도 어찌할 수 없는 문제다. 그렇지만 교육을 통해 모든 걸 해결할 수는 없더라도 꽤 많은 것을 해낼 수 있다. 뭔가 성취하려 할 때 기본적으로 필요한 것은 목표를 향한 강렬한 욕구다. 강한 성취욕이 있고 성취를 위한 수단이 명확하고 적절하게 주어졌을 때 목표를 이루지 못하는 경우가 얼마나 될지 합리적으로 생각해 보라. 거기에 충분한 동기만 불어넣으면 필요한 것은 모두 주는 셈이다. 이는 목표가 총으로 표적을 맞히는 것이든 어떤 학문에 통달하는 것이든 동일하게 적용된다.

성취욕을 자극하는 방법은 분명하다. 목표의 매력과 가치를 보여 주면 된다. 이왕이면 명료하게 그리고 열정적으로 상세하게 묘사하자. 목표가 어떤 점에서 매력적인지 시시때때로 모든 관점에서 보여 주라. 비판하고 칭찬하고 본보기가 되라. 교사가 학생에게 실제로 열정을 불어넣는 데 성공하는 경우는 정말 드물다. 그렇다고 해도 교사가 나태하고 미숙한 탓에 실패한 것이 아니라고, 애초에 불가능한 일이었다고 자신할 수 있는 사람이 누가 있겠는가?

아이가 어리고 미숙할수록 사고는 더 유연하다. 나쁜 습관이든 좋은 습관이든, 습관이 얼마나 일찍부터 형성되는지는 확실하지 않다. 아이마다 교육에 유리하거나 불리한 자질을 달리 가지고 태어난다. 그렇지만 아이들은 타고난 것에 더해 다른 자질도 빠르게 습득한다. 어쩌면 타고난 것보다 습득한 자질이 더 중요할지 모른다. 따라서 병에 걸렸는데 치료까지 잘못한 경우처럼, 태어나서 첫돌까지 아이가 주변 사람에게 폭군처럼 혹은 반대로 노예처럼 행동하게 내버려 둔다면 아이에게 나쁜 인성의 씨앗을 심어 주는 격이다. 때로 그렇게 각인된 성향은 그 사람을 평생 따라다니기도 한다.

이런 식으로 추론해 보면 양육 초기에 집중해야 할 목표를 현재의 안락이나 개인적 행복에 두는 것은 큰 실수다. 생각을 일깨우는 것이야말로 가장 중요한 교육 목표이고, 교육자라면 무엇보다 염두에 두어야 할 교육 목적이다.

조기교육은 표현에서부터 수준이 매우 낮아 보일지도 모른다. 그러나 우리가 제대로만 이해한다면 어릴 때 배우는 많은 것을 어른이 된 뒤에 다시 배울 필요가 있다. 어린 시절에 어눌하고 좁은 식견으로 힘들게 배운 것을 좀 더 성숙하고 비판적인 이해력을 갖추었을 때 다시 배운다면 훨씬 수월하게 습득할 수 있다. 그러니 아이가 정말로 배워야 하는 것은 특정한 지식이나 기술이 아니다. 다섯 살에서 스무 살까지는 아주 정연하고 능동적이며 학습 준비를 위한 생각의 체계를 잡는 것이 배움의 진정한 목표라고 확신하는 사람이라면 아동교육에서 특정 교과나 지식을 무리하게 강요하지 않을 것이다.

조기교육의 목표는 고정된 것이 아니다. 아이는 이런저런 종류의 지식을 습득하기보다 교육이라는 수단을 통해 지적 활동 습관을 기르는 것이 더 중요하다. 따라서 아이가 무엇을 배우는가에 관심을 두기보다 생각을 게을리하지 않도록 힘써야 한다. 이런 면에서 교사는 미개간지에 둘러친 울타리와 같다. 그곳에 처음 심은 앞그루에서는 고유한 장점이 채 드러나지 않는다. 그러나 그루갈이를 하고 씨를 뿌리면 땅은 제자리를 잡기 시작한다. 몸의 관절이 그렇듯 정신의 탄성도 쓰임새에 따라 단단해지기 마련이다. 그러므로 탄력적으로 사고할 수 있도록 다양한 방식으로 끊임없이 훈련해야 한다. 한마디로 신중한 교육의 첫 단계는 생각하고 분

별하고 기억하고, 무엇보다 질문하는 법을 배우는 것
이다.

2
{ 재능의 쓸모 }

우리는 종종 재능이 과연 좋은 것인지 의문을 품는다. 흔히 "아이에게 분별력과 덕성을 가르치라"고 말한다. 대부분의 사람들은 그 이상은 바라지 않는다. 재능은 종종 이익보다 손해가 되기도 하니까. 재능은 일종의 도깨비불이나 신기루처럼 사람을 미혹하고 방황하게 만든다. 마음의 열병이 되어 신중함이 내리는 냉철한 명령을 따르지 못하게 한다. 재능은 사람을 대담한 악행에 끌어들이기도 하고, 사회의 이익을 도모하기보다 주변의 칭찬이나 기대하게 만들기도 한다.

덕분에 유명한 교훈이 생길지도 모르겠다. "아이가 지나치게 재능 있는 젊은이로 성장하지 않도록 조심하라." 그러나 자식을 진심으로 사랑하는 부모 중에 과연 이런 말을 할 사람이 있을까?

교육의 힘이 부여하는 재능은 원칙적으로 정보와 지식에 기반해야 한다. 사람이 자신의 행복에 대해 너무 많이 아는 것은 두려운 일일까? 지식은 대부분 기쁨이나 즐거움을 얻는 부가적인 수단과 그 수단을 고르는 부가적인 분별력에 있다.

우리를 헷갈리게 하는 것은 아마도 폭넓은 지식이 아니라 불완전한 지식일 것이다. 막연한 지식은 사람을 혼란하게 만들기도 하고 잘못된 확신을 불어넣기도 한다. 반면 명확한 지식은 사물의 본래 색깔과 크기를 분명하게 보여 준다. 잘못을 바로잡는 방법은 더 많은 정보를 얻는 것이지 줄이는 것이 아니다.

앞서 언급한 예외에도 불구하고 일반적으로 인간은 미덕보다 재능을 더 높이 평가해 왔다. 악당이 되느니 바보가 되겠다고 말할 사람은 많지 않다. 그렇지만 어리석음과 지혜는 서로 매우 긴밀한 단어다. 보잘것없는 모임에서는 현자로 통하는 사람도 천재적인 사람들 사이에서는 무지하고 허둥거리고 따분한 사람으로 보일 것이다. 바보라는 호칭을 피할 완벽한 대응책은 비범한 재능을 갖는 것뿐이다. 얼간이가 스스로에게 만족하는 것만큼 우스꽝스러운 일은 없다.

미덕보다는 재능 면에서 이름을 알리겠다고 결심하는 것은 때로는 생각만큼 그렇게 터무니없는 일이 아니다. 재능은 여러 가지로 유용한 도구다. 재능이 있는 사람은 흔치 않은 이득을 만들지만, 재능이 없는 사람은 그럴 힘조차 없다. 날이 잘 벼려진 칼은 때로 나쁜 일에 쓰이기도 하지만, 그런 날카로움이 없는 도구는 그저 고철 덩어리에 불과하다.

다시 말하지만 나약하고 무지한 사람이 미덕으로 명성을 누리는 일은 거의 없다. 고작해야 예의 바르다는 평판이나 얻을 뿐이다. 나는 그런 사람을 착하다고 하는데, 우리 집 개한테 착하다고 할 때와 의미가 크게 다르지 않다. 개는 내게 애정이 있는 것처럼 보이지만, 상황이 바뀌면 멍청한 얼뜨기나 양심 없는 악당에게도 다르지 않은 애착을 보일 것이다. 개의 애정에는 분별이 없다. 그저 습성일 뿐이다.

마찬가지로 분별력이 없는 인간의 미덕은 사실상 미덕이 아니다. 나약한 인간은 누구를 받아들이고 누구를 거부해야 하는지도 알지 못한다. 뛰어난 재능이 발하는 후광에 감탄하면서도 빈번하게 누구보다 먼저 그 재능을 헐뜯는다. 그는 내가 잘되길 바란다. 하지만 무엇이 내게 이로운지 모른다. 이롭다는 게 어떤 것인지도 모른다. 기쁨이나 행복의 본질도 이해하지 못한다. 그러니 기쁨이나 행복을 열심히 추구할 수가 없다. 그가 내게 자유와 관용과 독립을 주겠다는 생각에 보이는 열의와 장신구를 주겠다는 생각에 보이는 열의는 전혀 다르지 않다.

내가 재능을 낭비할 수도 있으니 자제해야 한다는 생각은 자유롭게 다니다 나쁜 짓을 할 수도 있으니 감옥에 가두어야 한다는 말처럼 비합리적이다. 나는 짐승이 되기보다 인간이 되고 싶다. 확실히 그렇다. 인간은 더 많은 것을 만들어 내고 더 많은 것을 즐길 수 있다. 같은 이유로 나는 재능이 없는 인간보다는 재능이 있는 인간이 되고 싶다. 내가 인간에 더욱 가까워질수록 짐승에서 더 멀어진다. 선택할 수 있다면 나는 단언컨대 흔치 않은 좋은 일을 하고 비범하게 다양하고 세련된 기쁨을 즐길 기회라도 달라고 할 테다.

인간사란 단순하지 않아서 사회에서 일어나는 일을 잘 이끌려면 일반적으로 통용되는 재능이 필요하다. 독재는 일종의 필요에 의해 자연적으로 성장하는 법인데, 압제에는 가난, 사기, 폭력, 살인과 그 외에 수많은 악행이 뒤따른다. 위대한 분별력과 위대한 기운 없이는 이런 사회악을 근절할 수 없다. 재능을 가진 인간은 그런 익숙한 악을 사람들이 과소평가하지 않도록 인간 사회의 조직을 분석하고, 각 부분이 어떻게 연결되는지 보여 주고, 사건과 결과의 거대한 고리를 설명하고, 문제점과 대책을 지적해야 한다. 오직 이를 통해서만 중요한 개혁을 이룰 수 있다. 재능을 가진 사람이 없다면 독재는 영속하고 대중의 불행은 끝없이 계속될 것이다. 따라서 평범한 사람의 행복에 관심이 있는 사람이라면 자신의 학생이나 아이 중에 인류가 갈망하는 구원자가 나올 기회를 놓치지 않을 것이다.

3
{ 천재성의 근원 }

최근 철학적 논쟁으로 떠오른 질문이 있다. 과연 천재성은 타고나는 것인가 아니면 후천적으로 체득되는 것인가. 지금까지 천재성은 타고나는 것이지 체득되는 것이 아니라는 진술이 반론의 여지가 없는 아주 확실한 진리인 듯 여겨졌다. 하지만 절대 그렇지 않다.

아이들이 저마다 조금씩 다른 면을 가지고 태어난다는 사실을 합리적으로 부정할 수는 없다. 그렇지만 그 차이가 얼마나 클까? 갓 태어난 아기를 보자. 아기의 몸은 얼마나 덜 여물고 미완성인 채인가. 아기의 사고는 또 얼마나 단순한가!

아기의 사고는 지각, 감각, 기쁨, 고통에 좌우된다.

그렇지만 태어나기 전 아기가 느낀 지각과 감각, 기쁨과 고통은 아주 사소한 목록에 불과하다. 출생 후 이런 목록과는 반대되는 인상을 심어 주면서 아이의 습관을 바꾸고 바로잡아 주면 타고난 성향을 개조하는 것도 가능할지 모른다.

따라서 만일 태어날 때 아이들 사이에 본질적이고 결정적인 차이가 있다면 그것은 아이의 사고에서 이미 생성된 결과가 아니라 신체 조직상의 문제일 것이다. 한 아이의 몸에 깃든 감각과 감정은 다른 아이보다 더 예민할 수 있다. 그렇지만 우리는 천재성이 감각기관의 어느 특정한 구조와 연결되어 있는지 알 수 없다. 천재성을 가진 사람도 하나 혹은 그 이상의 감각기관에 문제가 있을 수 있고, 아주 평범한 사람이라도 기관은 모두 완벽할 수 있다. 어쩌면 천재성이란 타고난 신경 감각의 특정 상태와 관련이 있을지도 모른다. 그러나 이런 추측과는 달리 신체 기관과 천재성 사이의 연관성은 찾기 어렵다. 천재의 몸을 사후에 해부한다 해도 신체 구조에서 일반인과 다른 점을 찾아낼 수는 없으리라. 더구나 천재만의 변치 않는 특성도 여전히 구분해 낼 수 없다. 그러니 이 모두가 그저 근거 없는 가정처럼 보일 뿐이다.

어쨌든 천재는 좀 더 집요한 관찰력과 그치지 않는 호기심을 지닌 것 같다. 하지만 이런 자질은 후천적으로도 얻을 수 있다고 보는 것이 타당하다. 아주 어린 시절에 겪은 특정 사건이 그런 자질을 만들 것이다. 아니, 어쩌면 좀 더 자란 다음에도 광범위하게 겪는 사건이 천재적 자질을 창조하는지도 모른다.

만일 아무것도 아이의 사고를 자극하지 못한다면 아이의 두뇌는 둔해질 것이다. 반대로 아이의 반감을 사지 않는 선에서 자주 강렬하게 자극한다면 사고는 활동적이고 유연하고 치열해질 것이다. 따라서 우리는 천재성이라는 현상의 타당한 원인을 생후에 아이에게 일어나는 사건에서 찾을 수 있을 것이다. 천재는 그런 식으로 만들어진다고 봐야 한다. 달리 이런 설명을 의심할 만한 이유가 있을까?

물리적이고 지적인 세계의 모든 사건은 일정한 순서에 따라 연속해서 발생한다. 인간은 자발적으로 행동할 때 동기를 얻는다. 내게 누군가를 자극했던 모든 동기와 그가 자랑해 마지않는 외적 이점을 모두 달라. 그러면 나는 분명 그 사람에 못지않은 성취를 이룰 것이다.

인간 사고의 본질에 대한 이러한 관점은 교육학에

서 무엇보다 중요하다. 이전에는 교육이 복권과 같다고 여겨졌다. 그것은 우리의 자유와 재산을 지키기 위해 나간 전쟁에서 백 명의 적 가운데 아흔아홉 명이 총알을 막아 내는 상황과 같다.

어떤 상황에서 천재성이 만들어지고 어떤 상황에서 말소되느냐는 물음은 우리에게 매우 유익한 추측이 될 것이다. 보통 아이의 천재성은 적어도 다섯 살쯤에는 드러나는 것 같다. 따라서 천재성이 교육을 통해 형성될 수 있다면 매우 이른 시기부터 신경을 쓸 필요가 있다.

어린 시절에는 사고가 눈에 띄게 유연하다. 갓 태어난 인간에게는 딱히 습성이라고 할 만한 게 없다. 아기는 선하지도 악하지도 않고, 활발하지도 무력하지도 않다. 무심하지도 않고 호기심이 강하지도 않다. 아기는 우리에게 천재성에 관해 어떤 인상을 형성할 수 있는, 그리고 어느 정도의 진전을 이룰 수 있는 주제를 던져 준다. 아기의 사고는 아기의 몸과 같다. 처음엔 연골에 불과했던 것이 차츰 단단한 뼈대가 된다. 마찬가지로 아기의 사고도 그렇게 여물어 간다. 천 갈래 방향으로 휘어지던 것이 점점 경직되어 다루기 힘들어지고 감수성도 잃어 간다.

그러나 이런 변화는 서서히 일어나며 결코 완결되는 법이 없다. 어쩌면 인간의 정신은 우리가 갈망하는 느낌이나 성향을 이루기 위해 조금씩 나아가는 것 아닐까. 물론 그런 과정도 점차 힘들어져 마침내 인간의 힘으로는 달성할 수 없는 과제가 되고, 제아무리 똑똑한 사람도 자신의 능력과 재간만으로는 시간의 무게를 감당할 수 없게 된다. 이런 견해라면 늦은 시기에 전혀 유망하지 않은 분야에서 천재성을 보이는 사람이 나타나는 이유를 설명할 수 있을 것이다. 만일 천재성이 무엇보다도 집요한 관찰력과 그치지 않는 호기심을 갖춘 정신을 의미한다면, 시간이 지날수록 더 어려워지긴 하겠지만 앞에서 언급한 특정 시기 이후에도 천재성은 형성될 수 있다.

그다지 많이 언급되지는 않지만 늦깎이 천재보다 더 흔하면서 주변 상황이 크게 다르지 않은 사례도 있다. 천재성이 나타났다가 이후에 사라지는 경우다. 이 가운데 잘 드러나지 않는 유형은 심각한 질병을 앓은 이들로, 남은 생애 동안 사고력 감퇴를 겪기도 한다.

그렇지만 이런 사례는 극히 드물다. 평범한 소작농의 아이를 보자. 겨우 일곱 살인 아이에게서도 어느 만큼의 이해력, 빠른 관찰력, 천진난만한 성격, 섬세한 재치를 흔하게 찾아볼 수 있다. 그러나 아이가 열네 살쯤 되면 그런 재능의 흔적은 모두 지워진다. 세상의 근심이 아이에게 엄습한다. 아이는 학대받다 고기잡이배에 팔려 가기 일쑤다. 또한 과도하고 끝없는 노동에 시달리며 짐승 같은 취급을 받기도 한다. 현실에서 보고 느끼고 예상하는 모든 것으로 인해 아이는 감정이 무뎌지고 의지가 꺾인다. 이것이 우리가 현재 사회질서를 고려할 때 취할 수 있는 가장 흥미로운 관점 중 하나다. 지금의 사회질서는 사고와 재능의 거대한 도살장이다. 그것은 희망과 환희, 성찰에 대한 애착과 삶에 대한 애정을 무자비하게 살해한다.

천재성은 아주 용의주도한 훈련과 그것을 완벽하게 완성해 줄 가장 유리한 환경을 필요로 한다. 천재적인 재능도 지나치게 불리한 환경에서는 무력해지고 병들어 결국 사라진다.

오해를 막기 위해 딱 한 가지만 덧붙이고자 한다. 앞서 천재성은 타고나는 것이 아니라 생후에 체득되는 것이라고 추측해 보았다. 이는 천재성이 단순한 교육의 산물 혹은 교사의 작품이라는 뜻이 아니다. 교사가 수천 가지 영향을 주더라도 그중 단 하나만이 의도한 대로 이루어진다. 아이는 교사로부터 매일 스무 개에 가까운 아이디어를 받는다. 하지만 아이는 같은 시간에 교사가 염두에 두지 않은 무수히 많은 것을 지각할 수 있다. 우리는 교사로부터 별 소득도 없는 수업을 일상적으로 듣는지도 모른다. 어쩌면 친구와 교류하면서 혹은 자연과 교감하면서 어느 순간 뭔가가 우리 마음에 성큼 들어와 수많은 계획과 사색의 풍성한 모판이 되는 것은 아닐까.

4
{ 어린 시절의 독서 취미 }

천재성의 첫 징후는 상당히 일찍 나타난다. 다양한 지적 능력을 현명하게 관찰하는 사람은 흔히 어떤 어린아이를 두고 웅변이나 발명 또는 판단력에서 장차 뛰어난 재능을 보일 거라고 자신 있게 말할 수 있을 것이다. 재능의 씨앗은 태어날 때부터는 아니라도 보통 출생 후 그리 오래지 않아 그 사람 안에 자리를 잡는다. 그러면 아이의 사고는 그 씨앗을 받아들여 키울 상태가 된다. 그 시기를 놓치면 어려울 수도 있지만 말이다.

사고의 재능은 마치 들판의 풀처럼 마구잡이로 흩어져 자라는 것처럼 보인다. 바람이 여기저기로 보이지 않는 씨앗을 흩뿌리면 많은 경우 정원사 없이도 그 자리에 뿌리를 내린다. 그리고 특별히 보살피거나 지켜보지 않아도 잘 자란다.

이를테면 우연이 인간의 온갖 지혜로도 불가능한 일을 한다면, 그래서 우리 본성의 가장 고귀한 장식품인 재능이 아무런 규칙도 체계도 없이 배분된다면 정말 유감스러운 일이다. 이런 면에서 교육 분야를 확장하려는 사람은 다른 학문 분야의 개선을 도모하는 사람들처럼 반드시 실험과 관찰을 진행해야 한다. 이제 막 눈뜨기 시작한 사고의 과정을 지켜보고 거기에서 첫 번째 결정을 내리게 하는 것이 무엇인지 알아내야 한다.●

씨를 뿌리는 사람은 어느 씨앗이 땅에 떨어져 쓸모없이 시들어 죽고, 어느 씨앗이 뿌리를 내리고 아주 왕성하게 열매를 맺을지 예측할 수 없다. 땅에 뿌려진 씨앗처럼 인간의 사고가 지각하는 것 중에도 어떤 것은 받아들이는 즉시 완전히 잊히고 어떤 것은 영원히 각인되어 무엇과도 바꿀 수 없을 만큼 중요해진다. 전자 때문에 괜한 불안감을 느끼며 괴로워할 필요는 없다. 후자 또한 그 가치만큼만 주목하면 된다.

어린 시절의 독서 취미만큼 앞으로 그 사람의 지성에 좋은 쪽으로든 나쁜 쪽으로든 지대한 영향을 미치는

● 이런 의견이 앞서 천재성이 아마도 교육적 산물이 아닐 것이라고 언급한 부분과 모순되지는 않는다. 지금까지는 그렇지 않았더라도 앞으로는 가능할지 모른다.

것은 아마 없을 것이다.

책은 인간에게 가장 훌륭한 모든 것을 모아 둔 보물창고다. 문학은 모든 방면에서 인간과 동물계 사이의 거대한 경계선을 형성한다. 독서를 좋아하는 사람은 자신의 손이 닿는 범위 안에 모든 것을 가지고 있는 셈이다. 그저 원하기만 하면 된다. 그러면 올바른 판단에 필요한 모든 종류의 지혜와 행동할 힘을 스스로 얻게 될 것이다.

재능을 가진 사람과 그렇지 못한 사람의 가장 중요한 차이점은 자투리 시간에 어떤 생각을 하는지에 있다. 두 사람이 각자 템플 바●●에서 하이드파크 코너까지 걸어간다고 생각해 보자. 재능이 없는 사람은 목적지를 향해 곧장 간다. 그는 거기까지 가는 길이 너무 멀다고 느낀다. 혹시나 아는 얼굴과 마주칠까 주변을 두리번거리다 만나기라도 하면 서로의 가족이나 건강에 관해 물어보기도 한다. 어쩌면 지나치는 거리의 쇼윈도를 들여다볼지도 모른다. 그는 요즘 유행하는 버클과 금속 찻주전자를 감탄하며 바라본다. 만일 그가 상상의 나래를 편다해도 그 범위는 꽤 좁을 것이다. 날개 일부가 잘린 채 평생 농장의 마당이나 날아다녀야 하는 산새처럼 말이다. 반면에 재능을 가진 사람은 상상력을

●● 런던의 서쪽 끝에 있던 문으로 1897년까지 죄인을 효수하던 곳.(옮긴이)

마음껏 발휘한다. 그는 울고 웃는다. 주변에 무엇이 있든 상관없이 그 생각에만 전적으로 몰두한다. 그는 정교한 계획을 세우고 빈틈없는 추론도 소화해 낸다. 그는 상상 속에서 주장을 펼치거나 묘사하고 깊은 공감을 느끼며 감탄하고 기쁨에 열렬히 반응한다. 그는 수천 가지의 새롭고 훌륭한 조합을 만들어 낸다. 무수히 많은 장면을 상상하고, 용기를 시험하고, 독창성을 과제로 삼으며 서서히 인생의 다채로운 사건과 마주할 준비를 한다. 그는 자신이 읽은 수많은 책에 조언을 구하고, 인류를 위한 미래의 가르침과 즐거움을 위해 다음 독서를 계획한다. 그는 거리에서 지나치는 사람을 관찰하면서 그들의 표정을 읽고, 그 사람의 과거를 추측하고, 그들의 지혜나 어리석음, 미덕이나 악덕, 만족이나 불행을 머릿속에 피상적으로 그린다. 그는 자기 앞에 펼쳐진 장면을 감식가 혹은 예술가의 눈으로 바라본다. 마주치는 모든 것이 그에게 생각할 거리를 던져 준다. 이렇게 재능을 가진 사람과 그렇지 못한 사람이 보낸 시간이 닮은 점은 한 가지다. 그 시간 동안 두 사람 모두 하이드파크 코너에 도착했다. 그렇지만 그 사실을 제외하고는 모든 점에서 서로 다른 시간을 보냈다.

무엇이 두 사람에게 그토록 다른 사고 습관을 갖도

록 했을까? 아마 어린 시절의 독서 취미보다 더 큰 영향을 미친 것은 없을 것이다. 책은 무수한 방법으로 우리의 호기심을 충족시키고 자극한다. 우리를 생각하게 만든다. 우리가 한 지점에서 다른 지점으로 건너가도록 재촉한다. 우리에게 다양한 종류의 생각을 직접 보여 주고 간접적으로 제안한다. 잘 쓰인 책에서 우리는 비범한 두뇌가 만들어 낸 가장 성숙한 성찰 혹은 가장 황홀한 고양감과 마주한다. 우리가 그런 동반자를 어느 정도 닮지 않고서 그와 친숙해지기란 불가능하다. 나는 프랜시스 톰프슨을 읽을 때면 톰프슨이 된다. 존 밀턴을 읽을 때면 밀턴이 된다.● 나는 일종의 지적 카멜레온이 되어 머무는 곳의 색깔을 입는다. 잘 갖춰진 도서관에서 노니는 사람은 수많은 요리와 그 훌륭한 풍미를 즐기는 셈이다. 그의 취향은 매우 예리하게 다듬어져 가장 미묘한 차이조차 쉽게 구별해 낸다. 그의 사고는 유연해지고 모든 감각은 예민해져 모든 것을 더 새롭고 세련되게 자기 것으로 만든다. 그는 셀 수 없이 다양한 방식으로 생각하고, 그의 지력은 논리로든 상상으로든 대단히 활기를 띠게 된다.

이런 경우에는 많은 것이 독서 취미가 시작된 시기에 따라 달라지는 것 같다. 만일 너무 늦으면 그의 사고

●둘 다 영국의 시인.(옮긴이)

는 흔히 이전의 고집과 완고함에서 벗어나지 못하는 듯하다. 그래서 늦게 독서를 시작한 사람은 자신이 읽는 작가와 피상적인 친분만 가질 뿐 친구와 같은 익숙함에는 이르지 못한다. 이런 독자와 작가 사이에는 언제나 딱딱함과 격식이 뚜렷하게 보인다. 결국 그는 작가의 피조물이 될 수 없다. 그는 작가의 문학적인 모략에 넘어가지도 못하고 작가의 감정에 공감하지도 못한다. 독서를 자기계발을 위한 도구 정도로 생각하면 진정한 독서란 불가능하다. 기억하기 어려울 만큼 어릴 때부터 책 읽는 즐거움을 알고, 시구를 혀 짧은 소리로 발음하고, 비현실적인 상상을 펼치며 도덕적 우화의 문구에 집착할 때 진정한 독서를 할 수 있다. 이런 경우에 우리는 미숙하게나마 스스로 시의 운율을 맞추고, 읽었던 장면을 애정을 가지고 모방해 보려고 한다.

어린 시절에 형성된 독서 취미가 재능을 가진 사람의 가장 뚜렷한 표식이긴 하지만, 그것만으로는 안 된다. 주어진 환경이 적절치 않다면 어린 독자는 그저 비생산적인 허영 덩어리나 문학적인 게으름뱅이가 될 수도 있다. 태어날 때부터 무르익은 천재성은 금방 소멸해 버릴 운명일지도 모른다. 천재가 될 수많은 재목이 때 아닌 불행을 겪으며 재능이 채 무르익기도 전에 스러져 간다. 그렇지만 가장 두려운 일은 인생의 거친 역풍이 재능을 가진 모험가를 천 마일쯤 날려 버려 재능과 상관없는 노예 노동에 시달리는 신세로 만들어 버리는 것이다. 역풍은 평온한 여가가 주는 온화한 영향을 그가 누리지 못하게 하거나 기후가 음산한 지역으로 그를 몰아넣어 반쯤 핀 희망의 꽃을 돌이킬 수 없이 망가뜨린다.●

　사고방식이 천재의 본질을 설명해 준다면, 그것은 노동의 희생양도, 공포와 좌절과 혐오감의 노예도 되어선 안 된다. 진짜 위험은 바로 이것일지 모른다. 잘난 척하는 속물이 되는 것. 그런 성향이 어릴 때 형성된 독서 취미 때문인지 아니면 오히려 불행히도 너무 늦은 나이에 독서를 취미로 삼은 탓인지는 생각해 볼 문제다.

● 봄의 꽃이 봉오리를 채 벌리기도 전에 벌레가 너무 자주 갉아먹고, 아침 이슬과 같은 청춘의 때에는 전염성 독기에 가장 약한 법이다. (「햄릿」 1막 3장)

5
{ 고전 교육 }

최근에 고전을 아동교육 과정에 넣어야 하는지를 두고 상당한 논란이 있었다. 지난 세기에는 그런 질문 자체가 교육에 대한 일종의 신성모독으로 여겨졌을 것이다. 고전 공부야말로 모든 문학적 성취의 첫째로 꼽히던 때였으니까. 그러나 오늘날 호기심 강하고 활동적인 정신은 무엇이고 그대로 믿어 넘기는 법이 없다. 관습에 따른 어떠한 구속도 인정하지 않는다. 법령과 벌칙으로 우리를 옭아매지 않는 한, 반박의 여지가 없는 논거가 뒷받침되지 않고는 어떤 관행도 시민사회에서 완전한 영향력을 유지할 수 없다.

고전 교육에 찬성하는 명백한 근거는 역사적 유래

에서 찾을 수 있다. 라틴어와 그리스어 작품을 연구한 학자들의 모국어가 그 언어였다면 아마 그 작품들은 고전이라 불릴 자격이 없다고 여겨졌을 것이다. 고전 교육은 15세기에 들어서 갑자기 주목받기 시작했는데, 그때 인간 정신이 영원과 다름없는 잠에서 깨어났다고 할 수 있다. 이 맞춤한 사건이 벌어진 주된 원인은 앞서 말한 고전 연구였다. 갑자기 사람들이 잊혔던 작품을 망각에서 길어 올리고자 하는 욕망에 사로잡혔다. 마치 끝없이 욕구불만에 시달리도록 때마침 새로운 욕망이 생겨난 것 같았다. 지금 우리가 소장한 고대의 가장 귀중한 작품 중 일부는 완전히 유실될 처지였지만 다행히 왕가에서 이러한 유물의 복구를 가장 중요한 임무로 여겼다. 학자들은 고전 원고를 발견할지도 모른다는 아주 미미한 희망에 이끌려 쉴 새 없이 이 나라 저 나라를 여행했다. 그리고 이러한 수색이 성공하면 군대를 무찌르고 수백만을 약탈하는 것보다 죄책감은 덜하고 부러움은 많이 사는 승리를 차지할 수 있었다. 그 시절에 문인에게 가장 명예로운 일은 고전의 해설을 쓰는 것이었다. 한 가지 해석에 또 다른 해석이 줄을 이었다. 원문에서 애매했던 부분은 사라지고 더욱 정밀한 해석이 요구되었다. 고대 그리스와 로마 작품은 기량이나 재미 면에서 15세기 당시 유럽 작품에 전혀 뒤지지 않았다. 사람들은 고전을 탐독했고, 그 순수함과 아름다움은 거의 1500년이라는 시간 차를 두고도 당대 작품과 겨루어볼 만했다.

인류의 연대기에서 가장 흥미로운 역사 시기가 바로 이때다. 우리는 당시 고전 복원가의 다소 과장되고 광적인 열정에 말할 수 없이 큰 빚을 지고 있다. 오늘날 지혜, 추론력, 자연의 비밀에 관한 지식, 언어의 개선, 구성의 정밀함, 인류를 돋보이고 이롭게 할 수 있는 모든 것에 대한 열정이 있다면, 고전이 바로 그 궁극적인 근원이다.●

그리스와 로마 작가로부터 현대인은 생각하는 법을 배웠다. 15세기 학자들이 고대의 사상과 정서를 불굴의 끈기로 연구하는 동안 그들의 이해력에 끼어 있던 찌꺼기가 떨어져 나갔다. 미신의 족쇄가 풀렸다. 인류는 더는 좁은 경계에 갇혀 입을 다물지도, 영원한 단조로움에 그들의 능력을 마비시키지도 않았다. 그들은 보고, 검토하고, 비교했다. 인간의 지성은 새로 용기를 내고, 대담하게 날개를 흔들고, 더욱 과감한 비행을 시도했다. 사람들은 고전을 연구하며 인내를 얻었다. 진리에 대한 사랑이 드러났다. 또한 자유를 향한 사랑도.

● 나는 여기에 다른 원천이 있으리라고 생각하지 않는다. 즉 사실을 말하는 것이다.

우리는 선조가 소유했던 모든 것이 빚지고 있는 이러한 고전을 버려야 할까? 지성의 기반을 제거함으로써 지성 자체가 희생되는 것이 두렵지 않은가? 암흑시대를 되살리고 인류를 다시 한번 영원한 어둠으로 빠뜨리는 것이 가늠할 수 없이 두렵지 않은가?

그러나 이것은 그럴듯하긴 하지만 고전 교육에 찬성하는 완벽하고 논리적인 주장은 될 수 없다. 직접적인 논거 없이는 고전 교육에 대한 논란을 잠재우지 못할 것이다. 가장 강력하고 직접적인 주장은 이것이다. 고전 교육은 라틴어 학습에 매우 큰 도움이 된다.

라틴어 작가는 비범하게 탁월한 면이 있다. 그중 한 가지가 다른 나라 작가에게서는 찾아볼 수 없는 정교한 언어 구사력이다. 단어의 적절한 선택, 구문의 아름다운 구조, 문체의 투명성, 강렬한 정서를 가장 직접적인 형태로 전달하려는 정확함. 즉 가장 훌륭한 문학 양식과 관련한 모든 요소를 담고 있다. 어떤 작가는 더 파격적인 비행을 시도하며 더 큰 놀라움을 독자에게 선사한다. 또 다른 작가는 미개척지로 용감하게 모험을 떠나 추함의 벼랑 끝에서 아름다움을 수확한다. 그렇지만 최고의 로마 작가에게 가장 적절한 찬사는 늘어지고 쓸모없는 구절을 거의 다 덜어내고 줄곧 최선의 단어로만

의미를 전달한다는 것이다. 우리는 그들의 시를 기억 속에서 끊임없이 되뇐다. 문장은 교훈을 전달하고, 모든 부분이 활기차며, 약간이라도 변화를 준다면 더 나빠질 뿐이다. 우리가 거니는 고전 장면은 모든 것이 풍성하면서도 생동감 넘치고 우아하고 온당하다.

흔히 외국 작가의 작품은 번역본으로 읽으면 된다고 한다. 그렇지만 앞서 말한 고전의 우수한 점은 번역으로 완벽하게 옮길 수 없다. 문체가 느슨하고 다작하는 작가, 특히 장점이 주로 작품을 관통하는 작가의 사상에 있는 작품이라면 번역본으로 읽어도 된다. 하지만 누가 호라티우스●를 번역할 수 있을까? 누가 그 번역본을 참고 읽을 수 있을까? 번역된 시만 읽고 호라티우스가 처음 시를 썼을 때부터 받아 온 찬사를 불러일으킨 놀라움과 충격에 공감할 사람이 있을까?

로마의 역사가는 과거와 현재를 통틀어 최고의 수준을 보여 준다. 리비우스의 극적이고 유려한 문체, 살루스티우스의 심오한 철학, 타키투스의 풍부하고 진중한 화법은 시대를 넘어 감탄할 만하다. 다른 어느 시대의 역사가도 경쟁 상대가 되지 못한다.

게다가 로마의 최전성기는 어디에서도 찾아볼 수 없는 가장 순수한 도덕적 모델을 제시한다. 인류는 너무 쉽게 영웅적이고 관대하고 공공적인 시각을 잃어버리는 경향이 있다. 지금 시대에는 숭고함보다 세련됨을 미덕으로 삼는데, 그 미덕은 고양된 정신에서 비롯한 차분한 장엄함이 아니라 사소하기 짝이 없는 예절 따위에서 생겨난 것이다. 그러나 파브리키우스●와 그를 닮은 인물들 덕분에 우리는 인간의 본성이 무엇이며 우리가 할 수 있는 바가 무엇인지 가늠할 수 있다. 그들로부터 스스로를 고립시키면 우리는 나약함과 무관심에 빠지기 십상이다.

만일 주된 관심사가 인간의 행동 양식에 익숙해지는 것이라면, 그 나라 작가의 작품을 연구하는 것보다 더 좋은 방법은 없다. 그러나 인간을 진정으로 이해하기 위해서는 멀찍이서 조망하거나 요약본을 읽는 데 만족하면 안 된다. 우리는 그들의 세세한 행동을 주시하고, 그들이 내뱉는 모든 말을 곰곰이 생각해 봐야 한다. 그들의 친구로 인정받고 그들의 비밀스러운 영혼을 파고들어야 한다. 그러는 데 요약본을 읽는 것만큼 비참한 시간 낭비는 없다.

고대 역사를 다루는 현대 작가들이 얼마나 역부족인지 보여 주는 사례는 많다. 샤를 롤랭●●은 이교도의

● 고대 로마의 집정관. 청렴하고 유능한 인물로 유명하다.(옮긴이)

●● 프랑스 역사가이자 교육학자.(옮긴이)

미덕은 허울만 그럴듯한 무수한 악행일 뿐이라고 독자에게 반복해서 상기시키며 역사를 다니엘●●●의 예언 해설과 뒤섞어 버린다. 너새니얼 혹은 카이사르의 명성을 드높이려고 로마의 다른 위대한 인물을 서슴없이 깎아내리고, 윌리엄 밋퍼드와 존 길리스는 틈만 나면 이야기를 중단하고 현대의 전제정치를 치켜세우려 든다.●●●● 오히려 고대 공화국 연구자를 자처하는 현대 역사학자만큼 공화국 정신에 무지한 사람도 없을 것이다.

따라서 라틴어 고전 교육에 찬성하는 두 번째 논거는 이렇게 말할 수 있다. 언어는 인류의 의사소통에서 매우 중요한 매개체다. 다른 사람을 가르치거나 개인적 명망을 얻고자 하는 사람은 자신을 명료하고 적절하게 표현할 수 있어야 한다. 정서나 과학 측면에서 생기는 대부분의 오해는 모호하거나 부정확한 표현에서 기인하는지도 모른다. 여기에 더해 인류의 취향이 지나치게 고상해져 투박하고 재미없는 교훈은 받아들이려 하지 않고 우아함과 화려함만 원한다. 인간의 지성을 가장 향상할 수 있는 예술 가운데 하나가 언어예술이다. 인류가 이런 측면에서 현재의 진보한 수준보다 퇴보해 조잡하고 미숙한 언어에 머무르는 고통을 겪게 하는 사람

●●●「다니엘」서의 주인공으로, 구약 시대 4대 예언자 중 마지막 인물이다.(옮긴이)
●●●●세 명 모두 영국의 역사학자.(옮긴이)

이 있다면 그는 진정한 인류의 친구라고 할 수 없다.

그렇지만 하나 이상의 언어를 알지 못한다면 한 언어도 제대로 이해할 수 없을지 모른다. 비교를 통해서만 우리는 언어의 철학에 진입할 수 있다. 비교를 통해서만 생각을 구분할 수 있고, 그 생각을 일반적으로 전달하는 말을 구분할 수 있다. 한 언어와 다른 언어를 맞춰 봄으로써 우리는 다양한 단어의 변형에서 생기는 의미의 미묘한 차이를 알 수 있다. 또한 같은 단어가 각각 다른 주제와 연결될 때 생기는 더 세밀한 의미의 분화를 감지할 수 있다. 오직 한 언어만 아는 사람은 아마도 항상 어느 정도까지는 그 언어의 노예로 남을 수밖에 없다. 언어에 관한 지식이 불완전해서 어느 때는 자신이 의도하지 않은 말을 하도록 유도당한다고 느낄 것이고, 또 다른 때는 아무 생각 없이 똑같은 오류를 저지를 것이다. 그런 사람이 말의 온전한 힘을 이해하기란 불가능하다. 그는 열정적으로 말하려 하지만 때로 비웃음만 살 뿐이다. 그는 모국어의 숨겨진 보물을 헛되게 찾아 헤맬 것이다. 또한 결코 언어를 이로운 방식으로 사용할 수 없을 것이다. 그는 언어의 장점과 약점에 대해서도 알지 못한다. 언어의 진정한 재능에 관해서도, 구별되는 특성에 관해서도 아는 바가 없다. 그러나 언어를 비교하는 데 능숙하고 훈련된 사람이라면 그런 능력에 맞게 지적인 도약을 일궈 낸다. 언어가 그의 주인이 아니고 그가 언어의 주인이 된다. 모든 것이 그의 정신에서 질서를 잡고 그는 먼저 생각한 다음에 말한다. 따라서 말은 그에게 의사소통을 위한 혹은 자신의 감정에 영속성을 부여하는 수단이 된다. 이제 모국어로 가득 채워진 탄창이 그의 손에 들어왔다.

어원학語源學은 여기에서 설명한 목적을 달성하는 데 유일하게 적절한 도구로 여겨져 왔고, 우리가 사용하는 말의 가치를 더욱 정확하게 판단하는 데도 무척 중요하다. 그렇지만 어원학의 필요나 쓰임은 다소 과장된 면이 있다. 언어 연구가 아무리 광범위하더라도 우리는 어딘가에서는 멈춰야 한다. 누군가 특정한 단어의 어원을 반쯤 추적했다 하더라도 그가 사용할 기회가 있는 언어를 넘어서는 부분에 대해서는 여전히 무지하기 때문에 처음과 다름없이 불완전한 상태로 남는다. 다른 많은 지적 습득처럼 여기에서도 탐구하고 구별하고 예리하게 판단하는 습관이 우리가 축적할 수 있는 어떤 개별 지식보다 더 중요하다. 게다가 연사나 작가는 자신이 쓰는 단어가 과거에 어떤 의미로 쓰였는지 혹은 어떤 요소가 결합해 만들어졌는지엔 관심이 없다. 그들에게 중요한 것은 현재 본인이 쓰는 언어의 가장 순수한 표준에 해당하는 의미다. 말은 이런 측면에서 끊임없이 변한다. 단어가 변하면서 생기는 의미의 미묘한 차이는 보통 당장은 알아차리기 힘들다. 그러나 시간이 가면서 그런 변형은 종종 매우 인상적이고 놀라운 것이 된다. 따라서 언어의 정확한 참뜻을 알 수 있는 확실한 방법은 그 시대 최고의 연사가 하는 말을 듣고 최고 작가의 작품에 사용된 언어를 살펴보는 것이다.

라틴어는 사실 영어에 수많은 어원을 제공하는 언어다. 그러나 또한 연구하고 분석하는 습관을 들이는 데 추천할 만한 다소 특이한 언어이기도 하다. 라틴어의 단어는 수많은 변이와 어형변화를 겪는다. 라틴어의 어형변화는 다른 고대 언어의 그것보다 더 철학적으로 사용되고 의미 차이도 뚜렷하다. 라틴어 작품의 단어는 철학적 혹은 자연적 순서로 배열되지 않았기 때문에● 우리의 사고는 그 무질서를 해결하느라 바빠지며 동시에 어형변화에도 계속 관심을 쏟아야 한다. 따라서 언어철학을 익히는 데는 라틴어 공부가 가장 좋은 방법일 수 있다. 결국 실천이 이론보다 낫다. 보편문법●●에 관한 논문을 천 개 읽는 것보다 베르길리우스●●●나 호라

● 어순이 비교적 자유롭다.(옮긴이)

●● 모든 언어에 공통적인 문법 구조. 또는 그 이론.(옮긴이)

●●● 고대 로마의 시인.(옮긴이)

티우스의 시를 숙독하는 편이 언어철학을 제대로 배우고 깊이 새기는 데 훨씬 도움이 될 것이다.

우리가 현실에서 만날 수 있는 예도 앞서 말한 것과 일치한다. 라틴어와 그리스어를 배우지 않고 힘 있고 적절한 영어로 글을 쓸 수 있는 사람은 거의 없다. 가장 훌륭한 작가와 연사는 스스로 고전을 평생 즐겨 읽은 이들이었다. 또한 일반적으로 문체만큼 그 사람이 문학 교육의 혜택을 입었는지 판가름하기 쉬운 것도 없다.

라틴어 교육을 찬성하는 추가적인 논거는 논리의 본질, 즉 사고의 기술에서 찾아볼 수 있다. 언어는 인간의 이해력에 무엇보다 중요한 요소다. 우리가 추론하면서 떠올리는 생각은 대부분 언어의 형태로 얻어진다. 혼자만의 생각에 잠길 때에도 우리는 대부분 언어로 사고한다. 회상할 때도 어떤 언어로 기억을 떠올리는지 대부분 쉽게 말할 수 있다. 입 밖으로 소리 내어 말하든 혹은 머릿속으로 생각하든 언어가 없다면 우리는 아마도 길고 연속적인 추론을 할 수 없을 것이다. 따라서 사고 체계는 언어 체계와 별반 다르지 않다. 자신의 말을 다듬고 의미 차이를 구분하는 데 익숙하지 못한 사람은 매우 부정확하고 엉성한 방식으로 생각하고 추론할 것이다. 생각을 다양한 언어에서 빌려 온 여러 명칭으로

호명할 수 없는 사람은 자신의 생각을 신중하고 명확하며 혼란스럽지 않은 방식으로 떠올릴 수 없을 것이다. 따라서 어떤 사람이 무인도에 갇혀 자기 목소리를 다시는 들을 수 없는 동시에 어떻게든 이해력을 키워야 하는 상황이라면, 그는 단 일분일초라도 끈기 있게 단어와 언어 공부에 매달려야 한다.

끝으로 라틴어 학습이 교육의 중요한 부분을 구성한다고 믿을 만한 이유가 있다. 설령 그것이 실용성은 없이 단지 지적 훈련의 한 방법으로만 여겨지더라도 말이다. 인간의 이해력을 크게 향상하는 데 특별히 필요한 두 가지 자질이 있다. 바로 열정적인 성향과 정확하고 체계적으로 생각하는 습관이다. 라틴어 교육은 이러한 자질을 쌓는 데 특히 도움이 된다.

이런 점에서 라틴어와 기하학 교육은 아마도 비슷한 이유로 권장될 만하다. 기하학은 언제나 교양 교육의 한 축을 이루어 온 것으로 보인다. 기하학은 직접적으로뿐 아니라 간접적으로도 유용하다. 기하학은 기계학과 일상 기술의 발전에 매우 중요하며, 천문학과 기타 주목할 만한 다양한 학문을 적절하게 숙달하는 데 필수다. 그러나 이러한 직접적인 용도보다 기하학은 간접적인 쓸모가 더 중요할지 모른다. 기하학은 사고력을 키우고 훌륭한 습관을 들이도록 만든다. 인간을 이성적 존재로 이끄는 데 크게 이바지할 뿐 아니라 정확하게 추론하는 법을 익히도록 해 사람들이 쉽사리 모호한 표현에 속지 않고 편견과 협잡에 끊임없이 맞서게 한다.

우리는 이와 비슷한 이점을 언어와 어형변화 학습에서 얻는 듯하다. 언어에서는 모든 것이 질서를 이루고 가장 엄격한 규칙의 지배를 받는다. 따라서 우리의 사고도 여기에 익숙해져 질서 잡힌 습관과 사물을 명확하고 구분되고 정연한 상태에서 바라보는 습관을 얻게 된다.

여기서 설명한 사고력 훈련은 헤아릴 수 없는 가치가 있다. 치밀한 조사와 연구를 접해 보지 않은 사람은 언제 어디서든 속기 쉽다. 그의 의견은 기준이 없다. 그저 전적으로 나이, 국가, 읽을 기회가 있는 책 또는 자주 만나는 사람에 좌우된다. 그의 정신은 황무지와 같다. 거기에 훌륭한 자질이 있을지도 모르지만 아무 소용이 없다. 각각의 생각이 서로 억압하고 괴롭힌다. 그는 부분적이나마 광기의 지배를 받는다. 정신을 다스리지 못하고, 마주치는 사건이나 자신의 변덕 앞에서 속수무책이다. 그런 사람은 보통 성실하지 않거나 인내심이 없다고 여겨진다. 그에게 훌륭한 사업 계획이 있더라도 완수할 결단력이나 추진력은 없다.

　일반적으로 재능이란 어떤 대상을 모든 면에서 살펴보고 다양한 관점으로 분석하고 정밀하게 조사하는 능력이라고 말할 수 있다. 평범한 사람은 보이는 대로 사물을 볼 뿐 그 이상을 성찰하지 않는다. 그러나 재능 있는 사람은 대상을 분석하고, 원인과 결과를 따져 보고, 내부 구조를 이해하고, 각 부분이 다른 방식으로 결합하거나 다른 영향을 받는다면 어떤 결과가 나올까 생각한다. 그런 사람은 사고의 탄창을 통째로 가지고 있는 반면에 보통 사람은 그저 하나 정도만 손에 쥐고 있을 뿐이다. 재능 있는 사람의 능력은 그가 가진 생각의 수에 비례해 커진다. 여기에서 언어 구조에 관한 관심이야말로 이러한 사고를 예민하게 다듬고 확장하는 데 무엇보다 큰 도움이 된다.

　과학과 사고력을 키우는 문제에 있어서 우리는 많은 사람이 직접 경험하거나 만들지는 않았더라도 동료나 동시대 사람들이 구축한 일련의 과정에서 종종 중요한 혜택을 입는다는 사실을 간과한다. 문학계는 커다란 공동체로서 구성원 간의 교류가 끊임없이 이루어진다. 그리고 자신은 전혀 관여하지 않았던 연구에서 굉장한 이점을 얻는 일도 매우 흔하다. 지적 활동에 익숙한 유럽의 계몽 국가에선 어디서든 자신이 학자가 아니라도 학자 모임에 자주 드나들며 새로운 사상을 익힐 수 있는데, 그 주된 통로는 오직 학술어, 즉 고전어의 지식에서 찾을 수 있다. 그러므로 우리가 고전 교육 폐지로 인한 손실을 제대로 추정하고자 해도, 재능 있는 사람이 어떤 혜택을 빼앗기는지 계산하기는 불가능하다. 우리는 이러한 종류의 연구로 이루어지는 사회의 직접적인 진보뿐만 아니라 간접적인 영향도 지상에서 완전히 사라진다고 가정해야 한다.

앞선 논거들이 고전 교육의 유용함을 충분히 뒷받침한다고 이제 인정하자. 그러나 여전히 라틴어 교육이 아동교육의 한 부분을 구성할 필요가 있는지 결정하는 문제가 남아 있다. 만약 그것이 그토록 바람직한 교육이라면 학생이 분별 연령●에 도달했을 때 가르치는 것이 더 적절할 수 있고, 그러면 시간과 노력을 절약할 수도 있을 듯하다. 어린 시절을 그토록 골치 아픈 과제로 부담스럽게 보낼 필요도 없으니 우리의 유년을 언어보다 더 유용한 지식을 쌓는 데 쓸 수 있을지 모른다.

그러나 이러한 반대 의견에 답하자면, 고전 교육의 기초를 좀 더 성숙한 시기에 습득하도록 미룬다면 과연 제대로 된 학습이 가능할지 확실치 않다. 이런 경우에는 강한 동기와 함께 상당한 시간이 요구된다. 소수의 적극적이고 결심이 확고한 사람은 그런 난관을 극복할 것이다. 그러나 실제로 라틴어 습득으로 큰 혜택을 얻을 수 있는 다수의 사람은 결코 성공하지 못할 것이다.

우리의 어린 시절을 언어보다 더 유용한 지식을 쌓는 데 써야 한다고 사람들은 말한다. 그러나 이것도 언뜻 보면 그렇게 확실하지는 않다. 어린이에게 소위 과학을 가르친다 해도 나중에 실은 아무것도 배우지 않았다고 생각하게 될지 모른다. 아이가 앵무새처럼 따라 하도록 가르칠 수 있을지는 몰라도 서로 부딪치는 가설이 각각 어떤 장점이 있는지 평가하도록 가르치기는 힘들다. 우리는 나이가 들어 젊었을 때 겪은 많은 일을 더욱 불리한 조건에서 다시 해야 하는 경우가 있다. 새롭고 신선한 느낌도 이미 사라지고 없다. 마음속엔 편견만 가득하다. 그리고 그 일을 다시 시작하기 전에 우리가 한때 애써 품었던 수많은 미숙한 생각을 잊겠다고 마음먹어야 한다. 그러나 언어의 기초에는 우리가 머릿속에서 지웠으면 싶은 것이 거의 없다.

유년기는 특히 언어 학습에 적합한 것 같다. 이 시기에 판단력은 부족하지만 기억력은 좋다. 성인이 된 우리는 감정이나 사실, 주장을 기억하지만, 그런 것을 전달하는 언어는 대부분 어린 시절에 습득한 것이다. 아이는 특별히 혹독하게 강요하지 않는 한 이런 종류의 학습에 쉽게 만족한다. 나이가 들어서는 참을 수 없이 싫은 공부가 종종 아이에겐 시시하지 않은 오락을 제공할 수 있다.

아이에게 언어를 가르칠 때 우리가 불필요한 부담을 준다는 말은 아마 사실이 아닐 것이다. 올바른 사고 습관을 기르려면 어느 정도의 부담은 필요하다. 우리는 어린 시절을 무기력한 나태에 빠져 보내서는 안 된다. 활동적인 성인이 되려면 바쁜 어린 시절을 보내야 한다. 아이에 대한 잘못된 연민 때문에 아이가 부주의하고 우유부단한 습관에 젖어 자라게 해서는 안 된다.

고전 교육이 앞서 언급한 것처럼 지적 능력을 다듬고 확장하는 효과가 있다면 더 일찍 아이에게 고전을 가르칠수록, 공부에 필요한 사고가 더 여리고 유연할수록 그 효과도 커질 것이다. 어느 정도 시간이 흐르고 나면 애초에 방치되었던 사고가 더 거칠고 통제하기 어렵게 된다. 그러면 기민하고 우아하게 생각하려는 시도조차 그만두게 되고 점차 둔하고 어리석은 정신이 들어선다. 따라서 사고를 확장하고 자기 존재의 크기를 키우려는 사람은 이러한 과제를 일찍부터 시작해야 한다.

아이들을 쓸데없이 엄격하게 몰아붙이지 않았다면 아마도 고전 교육의 이점은 절대 부정되지 않았을 것이다. 아이들은 춤과 펜싱을 배운다. 프랑스어와 이탈리아어와 음악도 배운다. 이런 것을 배우기 위해 아이들이 꼭 누군가와 싸워 이길 필요는 없다. 합리적인 사람이라면 고전 교육만 예외가 되어야 하는 어떤 신비한 특징이 있다고 생각하지는 않을 것이다.

이 주제와 관련해 한 가지 짚고 넘어가야 할 것이 있다. 종종 고전 교육은 학문에 헌신할 사람에게는 훌륭한 성취가 되지만, 좀 더 평범한 직업에 종사할 아이를 둔 부모 입장에서는 어리석은 일이라고들 말한다. 피상적이나마 라틴어 공부를 시켜 봤자 나중에 써먹을 일도 없을 테니 말이다. 그렇지만 앞서 성찰을 통해 이와는 반대되는 결론을 내린 바 있다. 우리는 아이가 미래에 어떤 운명을 맞고 어떤 성향을 가질지 예측할 수 없다. 그렇지만 만일 이런 추론에 일말의 진실이라도 있다면, 이 논쟁에서 아이들이 고전 교육의 아무리 작은 부분이라도 완전히 없애서는 안 된다는 걸 당연하게 받아들이도록 해야 한다. 어느 정도 사고를 가다듬고 생각을 명료하게 하는 것은 분명 문법 공부의 결과일 것이다. 나중에는 언어 자체를 공부하는 일에 소홀해질 수 있지만, 부분적으로라도 일반 학문을 습득할 수 있고 그렇게 습득한 것은 여간해선 잊어버리지 않는다. 아이가 커서 아무리 보잘것없는 직업을 갖게 된다 해도, 그것이 인간 이해의 가장 근본적인 기록의 일부를 배우는 일을 부정할 충분한 이유는 될 수 없다.

6

{ **어린 시절의 행복** }

시대를 막론하고 시인이 즐겨 다뤄 온 소재는 어린 시절의 행복이다. 이것은 보통 인생을 먼저 살아 본 이들이 다루는 주제다. 나는 그런 주제를 스스로 선택하는 아이는 본 적이 없다.

어린 시절의 행복을 언급하는 의견이 일반적으로 환영받는 이유는 쉽게 알 수 있다. 아이의 외모가 애초에 눈을 즐겁게 한다. 그들의 용모는 대개 반듯하다. 시간이 만들어 놓은 주름도 없다. 눈빛엔 활기가 넘치고 멍하니 한곳만 응시하지도 않는다. 팔다리는 탄력 있고 활동적이다. 그들은 친절하고 쉽게 애정을 느낀다. 솔직하고 꾸밈도 없다. 그 솔직함은 목소리에서도 쉽게 드러난다. 그들은 소란스럽고 눈에 띄게 유쾌하다. 영혼은 지칠 줄 모른다. 슬픔과 근심은 빨리 잊어버린다.

이런 것이 흔히 말하는 아이의 모습이다. 그럼 그들은 행복한가? 아마 아닐 것이다.

합리적인 사람이라면 실제 어린 시절을 보내는 누군가가 아니라 그 시절에서 멀어진 사람이 바치는 젊음에 대한 찬사에 의심을 품을 것이다. 소년 시절에 나에게 아이의 우월한 행복에 대해 말해 준 사람은 없었지만 나는 마음속으로 그런 주장에 반기를 들었다. '평범한 어른이라도 되게 해 달라.' 아이들은 세상의 걱정에서 자유롭다고 한다. 과연 그들에겐 근심거리가 없을까? 그들의 걱정 중에 그나마 가장 위로가 되는 것은 자립에 대한 고민 정도다.

내가 세상에서 어느 정도 중요한 존재라고 인식하는 것보다 더 확실한 기쁨의 원천은 없다. 아이들은 보통 자신이 아무것도 아니라고 느낀다. 부모는 자녀의 미래를 생각한답시고 애써 아이에게 쓰라린 기억을 심어 주려 한다. 어떻게 이런 아이가 하루아침에 부러울 정도로 행복해지고 심지어 이제 어른이 자신을 믿고 의견을 구한다고 느끼겠는가?

무엇보다도 아이가 가장 불행하다고 느끼는 때는

스스로 노예라는 감정이 들 때다. 사회가 무수한 방법으로 자신을 견제하고 통제하고 억누른다고 느낄 때, 누군가 소년기란 참된 행복의 시기라고 한다면 얼마나 서글픈 모욕으로 혹은 한심하고 어리석은 말로 들릴까?

나는 질책을 당하면 마음이 분노로 터질 것 같다. 나에게 가해지는 권력과 그것을 휘두르는 거리낌 없는 태도를 의식하면 화를 참기 힘들다. 거칠고 거만하게 끼어드는 온갖 방해에서 자유로운 순간이란 없다. 내가 다른 사람에게 무의식적으로 덜 의존하는 시기가 오면 간섭은 어느 때보다 심해진다. 나와 교사 사이에는 평등도 논리도 없다. 내가 그런 시도라도 할라치면 마치 반란처럼 여긴다. 겉으로는 허용하는 척해도 실은 더 날카로운 조롱일 뿐이다. 그는 항상 옳다. 옳음과 권력은 이런 시도에서 떼려야 뗄 수 없는 짝이다. 이런 비참한 상황을 잊고 내 마음이 순간적인 즐거움에 속아 넘어가도록 두는 자신을 나는 경멸한다. 정말이지 20년의 속박이 끝난 후에야 나는 우리 나라 정부가 성인에게 허용하는 알량한 자유의 일부를 겨우 얻는다!

서인도제도의 흑인 노예가 처한 조건이 오히려 자유인으로 태어난 유럽의 아이들보다 많은 점에서 더 낫다. 주인은 노예를 사업적인 투자의 관점에서 사들인다. 노예가 하루의 노동만 마치면 주인은 다른 간섭은 하지 않는다. 그러나 부모의 주의 깊은 보살핌은 끝이 없다. 아이는 그 짜증 나는 간섭에서 결코 벗어나지 못한다.

만일 부모가 아이를 제멋대로 하게 내버려 둔 탓에 소위 버릇없는 아이로 불리게 된다면, 아이는 어떤 면에서 어쩌다 간혹 통제받을 때 더 큰 비참함을 느끼게 된다. 독립의 환상에 사로잡힌 아이는 그저 금으로 만든 족쇄에 묶여 있을 뿐이라는 이중의 씁쓸함을 느낀다. 고통은 언제나 즐거움보다 더 생생하게 기억에 남고, 인생 전체를 따져 보면 고통이 기억에서 더 구체적인 무언가를 구성한다.

그러나 아이는 더 자주 억울한 고통을 겪을 뿐만 아니라 즐거움은 상대적으로 보잘것없고 쓸모없게 느낀다. 인간의 정신이 허용하는 가장 큰 즐거움은 자각과 공감의 즐거움이다. 아이는 세련된 취향이 주는 즐거움을 모른다. 자연과 예술이 보여 주는 아주 부드러운 장면이 그에겐 의미 없는 선과 형태에 불과하다. 누구든 어린 시절에는 좀처럼 자신에게 만족하지 못하고 자신을 스스로 인정하는 일도 드물다. 어린 시절의 우정에는 서로에 대한 헌신이 빠진 경우가 대부분으로, 우정의 그림자와 흉내만 있을 뿐이다. 그의 즐거움은 송아지가 껑충거리며 까불대는 것과 같다.

그러나 이처럼 자주 거짓된 과장의 대상이 되어 온 어린 시절의 즐거움을 단순하고 진실하게 다시 쓸 필요가 있다. 감각기관은 아마도 생애 초기에 가장 예민할 것이다. 이 시기에 인식하는 많은 것이 나이가 들면 한층 그 이해가 깊어진다. 왜냐하면 생각이 더해지고, 감정과 지성에 대한 관념을 한 덩어리로 녹이는 방식이 더해지기 때문이다. 그러나 단순한 감각적 쾌락, 즉 젊음으로 닿을 수 있는 많은 쾌락은 그 나이에 가장 정교하게 느낀다. 이것은 미각에서 특히 뚜렷하다. 단순한 소리, 빛, 색 그리고 시각을 즐겁게 하는 모든 것도 마찬가지다.

아이의 즐거움을 증진하는 또 다른 조건은 사고의 유연성과 가변성이다. 어른은 마주치는 상황에 일관된 인상을 받는다. 아침에 일어난 사건이 저녁까지 내내 기분에 영향을 끼친다. 슬픔은 쉽사리 즐거움에 자리를 양보하지 않는다. 만일 오늘 부당한 규제로 힘들었다면 적개심을 품는다. 생각에 잠겨 말없이 앉아서 굳이 기분 전환을 하려 들지도 않는다. 기쁨이든 슬픔이든 한

때 품었던 감정에 강하게 사로잡힌 채 쉽게 놓여나지 못하고 가슴 한편에 끈질기게 그 자리를 남겨 둔다.

아이는 그렇지 않다. 그들의 눈물은 대개 "흘리자마자 잊어버리는"● 눈물이다. 아이의 마음은 백지장과 같아서 거기에 그려지는 어떤 인상이든 받아들인다. 그러므로 아이의 즐거움은 대단히 순수하고 순결하다. 상당히 부러운 조건이다.

단점을 꼽자면 첫째, 이런 즐거움은 피상적이고 무익하다. 사고를 확장하지도 북돋지도 못한다. 둘째, 똑똑한 아이의 경우 이런 즐거움을 돌이켜 보고 셈해 본다고 해서 행복해지지 않는다. 그저 자기 자신을 잊게 해 주기 때문에 즐거울 뿐이라는 사실을 안다. 자신의 생각이 제자리로 돌아오면 더는 즐거울 수 없다. 어쩌면 한심한 망상에 빠졌던 자신에게 화가 치밀지도 모른다. 그는 자신의 노예 같은 운명을 증오하고, 자신의 허망한 처지에 염증을 낸다.

어떤 이들은 무력하고 의미 없는 조롱으로 인생을 비웃으며 어린 시절만이 참된 환희의 시기인 것처럼 표현해 왔다. 세상은 온통 혼란과 혼돈으로 가득 찬 풍경이지만, 아직은 이러한 감상으로 대변할 만큼 실패작은 아니다. 대개 사람들에게 삶을 축복이라 여기는지 물

● 영국의 시인 토머스 그레이의 시 「멀리 이튼 학교를 바라보는 노래」(Ode on a Distant Prospect of Eton College).

어보면, 아마도 대답을 망설일 것이다. 그렇지만 그들도 살면서 느꼈던 어떤 환희와 존재함으로써 내적 자부심을 느꼈던 어떤 순간을 기억할 것이다. 그리고 이로써 많은 이가 삶의 긍정적인 면을 인정하게 될 것이다. 그렇지만 어떤 어린아이가 그런 종류의 존재감으로 기쁨을 느낄 수 있을까? 성숙한 즐거움의 밑바탕은 아마도 우리 또한 어느 정도 중요하고 만만치 않은 존재라는 느낌, 자신의 지성이 내리는 명령에 따라 행동하려는 의식적인 힘, 우리의 결정이 올바르다는 만족감, 다른 사람의 행복에 다정하고 영웅적으로 공감하는 능력일 것이다. 아이는 이 전부 가운데 해당 사항이 하나도 없다.

이것이 아마 아이의 즐거움과 고통에 대한 타당하고 공정한 견해일 것이다. 아이를 힘들게 하는 어른이 대부분 악의로 그런다고 가정하는 것은 매우 부당하다. 어떤 경우에는 전적으로 잘못된 일이라도 그 사람의 친절과 욕심 없는 열정이 뚜렷이 보일 때가 있다. 그렇지만 친절과 욕심 없는 열정은 추구하는 방법이 잘못된 경우 정말이지 쓸모가 없다. 아이의 처지가 가엾다면, 아이를 감독하는 이도 때로는 똑같이 동정할 필요가 있다. 진정한 철학의 목표는 절대 증오에 찬 격정을 야기하는 데 있지 않다. 오히려 폭군과 노예의 불행에 공평하게 관여한다. 그러므로 이러한 추론을 내놓는 의도를 선의를 가졌지만 잘못 행동하는 어른과 억압받는 불행하고 무력한 아이를 함께 도우려는 것으로 봐 주길 바란다.

우리가 여기서 토론하는 고려 사항이 소심하고 비겁한 부모나 교사를 정말로 두렵게 할지도 모르지만, 관대하고 현명한 사람이라면 그런 것에 영향받지 않을 것이다. 이런 게 바로 세속적 존재의 조건이다. 우리는 동물의 삶을 파괴하지 않고는, 심하게 말하면 동물을 괴롭히지 않고는 손가락 하나 까딱할 수 없다. 우리는 죄를 짓지 않고는 살아갈 수 없는 존재다. 더 활동적이고 더 성실할수록 인간은 더 큰 해악을 끼친다. 가장 똑똑한 의회 의원이자 가장 존경받고 모범적인 입안자라도 자신의 실수로, 게으르고 무기력한 정부 기관에서 배출한 어느 쓸모없고 개별적인 인간보다 더 많은 사람에게 더 큰 불행을 안길 수 있다. 그러니 우리는 우리에게 주어진 이 피할 수 없는 상황에 맞서 자신을 단련해야 한다. 그리고 냉철한 숙고로 지성을 발휘해 우리가 선을 최대한 이루는 입안자가 될 방법을 찾아야 한다.

그러나 어떤 사람은 인생의 이런 우울한 조건을 조

심스럽게 우리 눈에 띄지 않도록, 시야에 들어오지 않도록 숨겨야 한다고 말할 것이다.

용기 있는 사람은 절대 차분하고 이성적인 책임감을 회피하지 않을 것이다. 그런 사람을 문제의 교사 자리에 앉히자. 그는 제자들에게 말할 것이다. "나는 내가 여러분을 힘들게 하리라는 걸 안다. 그건 내가 성실하고 좋은 의도를 가졌다 해도 어쩔 수 없는 문제다. 그렇지만 내 자리에서 다른 누구보다 더 여러분을 행복하게 하려고 애쓸 것이다. 나는 여러분이 결국엔 현명하고 도덕적인 사람이 되도록, 적극적이고 독립적이고 스스로를 인정하고 만족하는 사람이 되도록 노력할 것이다."

우리가 벌이는 이런 토론이 좀 더 모험적이고 면밀하게 진행된다면, 겉으로는 편파적으로, 즉 어른에게 맞서 아이를 감싸는 것처럼 보여야 한다. 거기에는 아주 명백한 이유가 있다. 사회에는 이미 확립된 일정한 교육 방식이 있다. 이것이 우리의 검토 과제다. 우리는 그것을 정확하고 치밀하게 살펴봐야 한다. 추측하건대 기존보다 장점이 더 많아 보이는 이론상의 교육 방식은 아직 대부분 시도된 적이 없다. 우리는 이런 새로운 방식을 세세한 부분까지 쫓을 수 없다. 보통 전체적인 윤

곽에 대한 불완전한 견해밖에 없기 때문이다. 따라서 실제적인 개선 방법은 애매하게 어물쩍 넘어가면서 기존 방식의 단점만 자신 있게 지적하게 된다.

교육 문제를 다룰 때 우리의 비난은 학생이 아니라 교사를 향할 수밖에 없다. 학생은 장인이 손에 든 찰흙과 같다. 나는 예술 작품의 원재료가 아닌 장인에게 충고해야 한다. 교육 관련 책은 아이가 어른에게 어떻게 영향을 미칠 것인가를 알려 주기 위한 것이 아니라 어른이 아이의 생각에 어떻게 맞출 것인지를 알려주기 위한 것이다.

교육 방식을 개선하고 결과적으로 어른이 새로운 노력을 하도록 영감을 주려고 쓰인 글이 비관적인 경향을 띤다면 무척 안타까울 것이다. 지금 우리가 볼 수 있듯이 교사라는 직업에 어울리지 않거나 퉁명스러운 교사가 너무 많다. 그러나 가르치는 일은 그런 이유로 덜 고상해지거나 덜 고귀해지지 않는다. 용감한 탐험가인 학생과는 정반대로 각 기능과 학문을 가르치는 교사는 다 마찬가지로 온갖 어려움을 열거하거나 펼쳐 보이고, 왜 교육이 "산 넘어 산"*●인지 보여 준다. 그렇기에 교사는 항상 학생 각자가 스스로 장애물을 넘도록 내버려 둬야 한다. 교육 방식의 개선은 언어로 충분하지

●영국의 시인 알렉산더 포프의 시 「얕은 배움」(A Little Learning).

만 교사에게 새로운 노력을 하도록 영감을 불어넣는 일은 더 섬세하고 개인적인 문제다. 비굴하고 마음이 약한 사람은 결국 낙심해 선택한 천직을 성급하게 버리고 만다. 그러나 대단히 야심만만한 교사의 용기는 이렇게 가장 높은 곳을 향한다.

7

{ 지식의 소통 }

합리적이지만 세상에서 일반적으로 인정하는 방법이나 관행과는 다른 방식으로 지식을 주고받을 수 있을까?

자유는 지구상에서 누릴 수 있는 가장 바람직한 가치 가운데 하나다. 그러므로 나는 기꺼이 배우는 사람의 의지와 개인적인 판단을 침해하지 않고 또는 가능한 한 덜 폭력적으로 지식을 전달할 것이다.

다시 말하지만, 나는 특정 개인이 지식을 습득하도록 자극해 보고 싶다. 교사가 민감한 존재를 자발적으로 행동하도록 자극할 수 있는 유일한 방법은 동기를 끌어내는 것이다.

동기에는 두 종류가 있다. 내재적 동기와 외재적 동

기. 내재적 동기는 학습 대상의 본질적인 특성에서 기인한다. 외재적 동기는 학습 대상과 지속적이거나 불변하는 연관성은 없지만 우연히 혹은 개인의 즐거움으로 그 대상과 결합한다.

따라서 나는 어떤 종류의 지식을 습득하거나 자기 것으로 만들었을 때 어김없이 얻게 될 장점을 알려 주면서 그 지식을 익히라고 권할 수 있다. 다른 한편으론 그 지식을 배우면 나에게 인정받겠지만 그러지 않으면 내가 불쾌하게 여길 거라는 암시나 위협을 통해 위압적으로 권할 수도 있다.

이런 두 가지 동기 중 전자야말로 의심할 여지 없이 가장 효과적이다. 내재적 동기에 지배되는 것 자체가 이성적 존재가 되는 순수하고 참된 조건이다. 내재적 동기에 따르는 훈련은 사람의 판단력을 키운다. 그것은 우리의 독립심을 향상시킨다. 우리를 혼자 설 수 있게 한다. 그리고 진정한 개인이 되게 하고 자신을 맹신이 아니라 자기 이해의 산물로 이끄는 유일한 방법이기도 하다.

만약 어떤 것이 정말 좋은 것이라면 그 좋은 점은 겉으로 드러나기 마련이다. 그렇지만 만일 그 우수성을 증명할 수 없다면 당연히 그 판단이 적절하지 않다고 의심할 것이다. 증명할 수 있든 없든 왜 내가 노력해서 습득하고 싶은 것을 내가 결정하면 안 되는 걸까?

아이가 어떤 것의 가치를 알기 전에 그것을 꼭 배워야 할까? 아이가 배워야 하는 중요한 것이 한 가지뿐일 리 없다. 아동교육의 진정한 목적은 다섯 살부터 스무 살까지 잘 정리되고 적극적이고 배울 준비가 된 마음가짐을 마련해 주는 것이다. 근면성과 관찰력을 길러주는 것이라면 무엇이든 이 목적을 충족해 줄 대응책이 될 것이다. 그렇다면 아이가 이해할 가치가 있어야 한다는 조건과 배우고 싶어 해야 한다는 조건을 모두 충족하는 뭔가를 찾기란 불가능할까? 욕망하는 공부야말로 진정한 활동이다. 원하지 않는 공부는 한낱 허울과 흉내일 뿐이다. 그저 아이의 머릿속에 뭔가를 집어넣으려는 데 급급한 나머지 교육의 목적을 잊어버리지는 말자.

따라서 충분히 실행 가능하다고 알려진 모든 사례 가운데 가장 바람직한 교육 방식은 학생이 무엇을 배우기 전에 그리고 배우는 동안 학습 욕구를 갖는 것이다. 최고의 학습 동기는 배우는 것의 가치를 자각하는 것이다. 최악의 동기는 통제와 두려움이라고 단언할 수 있으리라. 불가피한 상황에서 어쩔 수 없이 의지하게 될

지도 모르지만. 이 두 가지 사이에 전자만큼 순수하지는 않지만 후자만큼 불쾌하지는 않은 동기가 있는데, 바로 학습 욕구다. 학습 욕구는 학습 대상 자체가 탁월해서 생기는 것이 아니라 교사가 거기에 부가했을 법한 우연한 매력에서 기인한다.

기존의 교육 방식에 따르면, 스승이 먼저 가고 제자가 뒤따른다. 여기에서 권하고자 하는 방식에서는 제자가 먼저 가고 스승이 그 뒤를 따른다.● 내가 원하는 것만 배울 수 있다면, 나 스스로 나의 교사가 되는 것을 누가 막을 수 있겠는가?

교육 제도의 첫 번째 목표는 학생에게 학습 동기를 부여하는 것이다. 우리는 기존 제도가 이런 임무에서 어떻게 실패했는지 보았다. 두 번째 목표는 지식 습득 자체에 따르는 어려움을 제거하는 것이다. 여기서 제시하는 교육 방법은 이 가운데 첫 번째 목표에 가장 잘 부합한다. 또한 두 번째 목표에 대한 해답이 될 만큼 충분히 유용하다. 교육의 어려움을 가장 만족스럽게 덜어내려면 공부해도 좋겠다고 느끼는 즉시 그리고 그만큼

● 어떤 사람에게는 이 표현이 애매하게 느껴질 수도 있다. 여기서 의문을 가질 수 있는 "먼저 가는" 것과 "따라가는" 것은 한 사람이 어떤 분야에서 딛고 간 발자취를 따라 다음 사람이 과제를 수행하는 것을 의미한다. 어른은 의심할 바 없이 아이보다 먼저 필요한 정보를 습득했을 것이다. 그리고 어느 정도 시간이 지난 후에 후학을 격려하고 지휘할 것이다. 그러나 이것이 그들의 자유재량으로 아이를 휘두르려는 의도여서는 안 된다.

자주 학생의 지적 욕구를 먼저 자극하고, 다음으로 그가 겪는 학습의 어려움을 해소해 학습 과정이 수월해지도록 해야 한다.

이 계획은 현재 교육의 양상을 완전히 바꾸기 위해 산정된 것이다. 지금껏 교육을 담당했던 무시무시한 조직은 여기에 없다. 엄밀히 말하면, 그런 인물은 현장에 교사나 제자로 남아 있지 않다. 아이도 어른처럼 자신이 원하기 때문에 공부한다. 아이는 스스로 짜거나 선택한 계획에 따라 학습을 진행한다. 이 모든 것은 독립성과 평등을 시사한다. 아이뿐만 아니라 어른도 자기보다 학식이 풍부한 사람과 어려움에 대해 의논할 기회를 반길 것이다. 어른이 아이에게가 아니라 거의 항상 아이가 어른에게 의논하는 데 익숙하다는 사실은 당연한 일이 아니라 우연처럼 여겨진다. 판단력이 매우 미숙한 사람도 다양한 걱정거리로 오히려 아주 현명한 사람에게 귀중한 정보를 제공할 수 있다는 사실을 기억한다면 이런 경향도 없어질 것이다. 그러나 아이가 어른의 이야기를 들어 줄 때는 미리 생각해 둔 계획이나 그를 마치 다른 사람이 되도록 설득할 목적 없이 자연스럽게 해야 할 것이다.

이런 유형의 교육에는 세 가지 주목할 만한 이점이

있다.

첫째, 자유다. 현재 아이를 억누르는 구속과 통제의 7할 정도가 단번에 소멸될 것이다.

둘째, 꾸준한 훈련으로 판단력이 강화될 것이다. 아이는 더 이상 앵무새처럼 흉내만 내면서 공부하지 않는다. 누구도 왜 공부하는지 스스로 만족할 만한 이유 없이는 배우려 들지 않는다. 그리고 아이가 스스로 공부하는 이유를 찾도록 빈번하게 고무한다면 그 자체로 좋은 일일 것이다. 그러고 나면 아이는 자신이 읽는 것을 이해했는지 생각해 볼 것이다. 언제 어떤 질문을 해야 하는지 아는 것은 학습에서 절대 하찮은 부분이 아니다. 아이는 가끔 어려운 부분을 그냥 넘어가거나 꼭 필요한 예습을 게을리하기도 한다. 그러나 학습 과제의 본질적 특성이 금세 그런 부분을 떠올리게 하고, 그냥 지나쳤던 내용을 다시 공부하게 만든다. 이런 목적을 위해 아이와 학습 주제를 자주 논의하고, 어느 지점을 잡아 학습 진도와 역량을 다른 아이와 비교해 결정해야 한다. 이런 식으로 함께 모르는 부분을 확인해 나가는 방식보다 아이가 질문하도록 강하게 자극하는 방법은 없다.

셋째, 스스로 공부하는 것이 적극적인 학습 습관

을 익히는 진정한 방법이다. 모든 공부에서 다른 사람이 끌어주고 밀어주는 아이는 연자방아를 끌며 빙빙 도는 말처럼 적극성이 없다. 나는 방아의 맷돌을 1분에 50번 돌리는 걸 적극성이라고 부르고 싶지 않다. 적극성은 정신적 특성이다. 그러니 만일 아이가 적극적 습관을 갖길 원한다면 아이를 학문의 들판에 풀어놓아야 한다. 아이가 스스로 길을 탐험하게 하자. 공부를 더 어렵게 만들지 말고, 아이에게 시간을 준 뒤 당신이 아이에게 질문하기 전에 먼저 아이가 질문하도록 내버려 두자. 즉 아이가 정보를 얻기 전에 먼저 질문을 하도록 기다리자. 이런 방법은 아이의 어려움을 배가하는 제도와는 거리가 멀다. 아니, 오히려 어려움을 백배는 줄여 줄 것이다. 이런 방법으로 성향을 형성할 수 있다. 이렇게 형성된 적극적 성향은 학습에 따르는 모든 부담을 덜어 준다.

마지막으로 이 방식에는 아이가 성인이 되었을 때 학문에 애정을 갖도록 하려는 의도가 있다. 기존 교육 방식은 진도가 빠르고 지식 습득 능력이 뛰어나 일반적인 영향력에서 아마도 벗어날 수 있는 운 좋은 소수가 아니면 오히려 역효과만 낳는다. 대부분은 학습할 때 구속받았던 기억이 우리가 추구했던 공부와 맞물린다. 그리고 반복해서 어렵사리 노력한 후에야 오랫동안 강요의 대상이었던 공부를 다시 스스로 선택해서 하게 된다. 우리가 학문의 길에 들어서지 못하도록 방해하는 고난을 힘들게 극복하고 나서, 그러한 괴로운 기억만 아니라면 모든 장애물이 없어지고 모든 단계에서 개선된 공부에 즐겁게 관심을 기울일 법한 때에 그런 노력을 그만둬야 하는 것은 특히나 불행한 일이다.

그러나 이런 모든 장점에 맞서는 듯 보이는 주목할 만한 의견이 있다. 처음에 교사는 겁에 질려 말한다. 나보고 어떻게 아이들이 공부에 매진하고 싶어지게 만들라는 말인가. 게다가 매일 낙담하게 될 텐데, 그리고 인간의 열정이란 전부 처음의 신선함이 사그라들면 그 열기도 함께 사라지기 마련인데 어떻게 아이들의 욕구를 계속 유지시킬 수 있겠는가?

그러나 대처하기 어려운 반대라고 섣불리 수용하지는 말자. 여기서 제안한 계획이 특정한 지점에서 교사의 어려움을 가중시킨다면 다른 면에서는 견디기 힘든 부담을 덜어 준다는 사실을 기억하자.

현재의 교육 방식에서 교사의 처지는 한심하기 그지없다. 교사는 최악의 상태에 놓인 노예다. 가장 지독한 감옥에 갇힌 죄수다. 그는 끝없이 학문의 기초를 다루고 또 다루는 형벌에 처해졌다. 도시에서 제비를 잘 못 뽑아 궁지에 몰린 불운한 사람처럼 그는 망가지고, 덕분에 다른 사람들은 살아남을지도 모른다. 교사가 견뎌야 하는 모든 어려움 속에서 그는 자신의 일이 쓸모 있고 애국적이라는 사실을 회상하며 스스로를 힘껏 위로한다. 그러나 이런 위로조차 별 소용이 없다. 자신의 감독 아래 있는 학생들이 그를 독재자로 여기면 그는 독재자가 된다. 그는 아이들의 즐거움을 망치고, 한명 한 명이 스스로를 미워하게 만들고, 아이들의 잘못과 실수를 지켜본다. 교사는 학생에게 명령하고 비난하는 투로 말하는 데 익숙하다. 그는 학생의 어리석은 행동을 꾸짖는 관리다. 그는 군중 속에서 혼자 살아간다. 학교 밖에서도 지나치게 규율을 따지고, 혼자서 잘난 척하며 무례하게 군다. 교사의 필요성과 애국심은 굴뚝 청소부나 도로 청소부처럼 인류에게 어쨌든 도움이 되지만, 감사와 존경을 받을 자격이 있다기보다 그저 참아 줄 만하다고 여겨지는 존재일 뿐이다.

8
추론과 논쟁

우리에게 의존하는 이들을 대할 때 자주 드러나는 나쁜 버릇이 있는데, 그것은 겉으론 그저 우스꽝스러울 뿐이지만 결과적으로 당하는 사람에게는 무척 고통스러운 일이다. 따라서 우리가 그들을 공정하고 평등하게 대하려는 의도를 가지면 앞으로는 그런 식의 태도를 유지할 수 없게 된다.

아이에게 지나치게 권위를 행사하고 불평 없이 복종만을 요구하던 부모가 최근에 자기 행동이 부적절했음을 깨달았다고 가정해 보자. 그는 아이를 불러 자신의 잘못을 인정한다. 이제 그는 아이가 자신처럼 이성적 존재이고 자신은 그들의 주인이 아니라 친구 역할을 해야 함을 알게 되었다. 아이가 따라야 할 행동 지침에 대해 의견이 다른 경우에도 그는 아이에게 이유를 말하게 하고 주제를 공정하고 평등하게 탐구하도록 격려한다. 이런 진행 방식이 효과를 거두려면 아이는 가짜 토론의 굴욕적인 장면이 아니라 실제적인 토론에 초대되어야 한다.

토론의 조건은 공정하고 치우침이 없어야 한다. 어느 한쪽이 다른 쪽을 완벽하게 설득하는 경우는 아무런 문제가 없다. 의견 차이도 없어지고 진행 과정도 서로 일치한다. 그러나 아마 더 자주 있는 경우일 텐데, 얽히고설킨 인간사로 양쪽이 모두 나태하거나 서로 불신하지 않고 각자의 의견을 공평하게 다루려고 노력했는데도 의견 차이를 즉시 좁히지 못한다면 원점으로 다시 돌아가야 할지 모른다. 이런 경우에는 어떤 결과가 나타날까?

조건이 공평하다면 아이가 이길 것이다. 그가 따라야 하는 지침이니 평등한 조건이라면 아이는 자신의 판단으로 행동을 통제할 수 있어야 한다. 그러나 많은 경우 부모는 말한다. "아니, 네 말을 충분히 들었다. 넌 나를 설득하지 못했어. 그러니까 이제 네가 승복하는 일만 남았구나."

이제 이런 상황에서 나를 아이 입장에 대입한다면 나는 아마 망설임 없이 대답할 것이다. "이런 조건에서는 부모님과 논쟁할 수가 없어요. 토론에 집중하고 있는데 억지로 논쟁 전체를 기억해 진술하라는 말을 듣고 부끄럽게 퇴장당해 상대의 처분을 따르고 싶진 않아요. 내 의견의 어떤 점이 잘못돼서 승복해야 하는지 바로 알고 수천 번이라도 명예롭게 결과에 따르는 편이 나아요."

그러나 실제 상황은 이보다 더 나쁘다. 아이는 편견이 없고 논리적인 설득에 마음을 열어 둔다. 반면 부모는 아이의 의견에 마음을 바꿀 생각은 거의 없이 이미 논쟁에 대한 판단을 내려 놓고 토론에 참여한다. 아이는 새로운 의견을 거의 제시할 수 없는 데다 신체적으로나 정신적으로 훨씬 우위에 있는 상대와 겨뤄야 한다.

따라서 이런 토론의 조건은 이와 같다. 첫째, 네가 나를 설득하지 못하면 내가 너를 설득한 대로 행동해야 한다. 둘째, 나는 오랜 경험의 무게와 연륜이 주는 자부심까지 가지고 토론에 임할 테니 네가 나를 설득할 희망은 거의 없다.

이런 식의 기존 토론 체제의 결과는 대단히 불행할

것이다. 부모가 실제로 진정한 평등을 아이에게 허락할 준비가 되어 있지 않은 경우 무엇보다 중요한 것은 아이에게 평등한 척하지 않는 것이다. 아이라는 이웃 국가를 정복한 속국으로 대할 수 있고 또 기꺼이 그러고자 할 때는 각각 독립된 나라인 양 협정을 맺어서는 안 된다.

나는 노예 상태에 처해도 어쩌면 견딜 수 있을지 모른다. 인간 본성은 그 자체로 복종 상태에 적응하기 마련이다. 특히 주인이 권위를 관대하게 휘두르고 종속된 자의 복지에 꽤 신경을 쓴다고 여겨질 때면 더욱 그렇다.

내가 비판하는 것은 자유를 가진 것처럼 연극과 눈속임을 강요당하는 노예의 처지다. 당신에게 선하고 확실한 의도가 없다면 내 본성의 모든 비밀스러운 원천을 깨우지도, 내 영혼의 부푼 야망을 불러일으키지도 않기를 바란다. 당신의 궁극적 목적이 내 족쇄를 바짝 끌어당겨 나를 바닥으로 억지로 끌어내리려는 것이라면, 나를 독립의 숭고한 감정으로 부풀게 하지도, 하늘의 별 사이에서 쉬라고 이르지도 마라. 이것은 시칠리아의 폭군●이 고안한 온갖 방법보다 더 정교하게 사람을 고문

● 기원전 6세기에 아테네의 발명가 페릴루스가 시칠리아의 폭군 팔라리스의 명령에 따라 사람을 안에 넣고 태워 죽이는 청동 암소를 만든 바 있다.(옮긴이)

한다.

이런 취급을 받은 사람은 자신의 지하 감옥에서 불안에 떨게 된다. 그는 자기 운명에 해를 가할 수 있는 모든 것을 감지한다. 인생에서 매시간 일어나는 평범한 사건에도 분개한다. 이런 일이 없었다면 둔감했을 고통의 감각이 정교한 고문으로 인해 장기를 뜯기는 프로메테우스처럼 날마다 괴롭힘을 당하고 날마다 되살아난다.

이와 같이 교육받은 아이는 눈에 띄게 논쟁적이고 반항적인 성격이 될 것이다. 처음에는 그에게 내려진 명령에 대해 논의해 보자는 계속되는 제안에 적극성을 보일 것이다. 아이는 능숙하게 독창적인 반론을 제기하고, 자문위원이라도 되는 양 그런 임무를 소홀히 해서 어쩌다 얻은 직책을 잃지 않도록 주의할 것이다. 그는 모든 일에서 어려움과 단점을 찾는 습관을 갖게 될 것이다. 당신을 끊임없이 논쟁에 끌어들이고, 자신의 재능이 당신 못지않다는 것을 보여 주며 기뻐할 것이다. 진위를 가리는 질문에 무관심해지고 노련한 궤변가의 기교를 보여 줄 것이다. 처음에는 이런 데서 만족과 즐거움을 찾을 수도 있다. 그러나 갈수록 신랄해진다. 그러다 보면 억세고 거칠고 격렬하고 사나운 성격이 될

것이다. 또 점차 자신이 어떤 사람인지 떠올리기조차
싫어할 것이다.

아이를 대할 때 이런 오류를 피하는 방법은 끝내 물
러서지 않겠다는 생각을 굳게 가지고 그런 일이 생길
때마다 온화한 태도로 그러나 단호한 결심으로 적절한
해결책을 제시하는 것이다. 그러나 아이의 독립성에서
는 정말로 무엇 하나 덜어 낼 것이 없다. 아이는 분명 미
래를 위해 상당한 자립심을 갖추어야 하므로 특별한 상
황에서만 독립성에 제한을 둬야 한다. 그러나 그 경계
는 뚜렷하고 분명하며 모호하지 않아야 한다. 일부 어
리석은 부모처럼 한번 정한 일은 무조건 집요하게 붙들
고 늘어지거나, 판단이 잘못됐다는 소리를 듣느니 하늘
이 무너지는 게 낫다고 생각할 필요는 없다. 부모는 자
신도 틀릴 수 있다는 사실을 인정해야 한다. 우리는 꾸
며낸 가짜 품위와 지혜가 인생에 들어서게 해서는 안
된다. 언제든 실수했을 때에는 꾸밈없는 태도로 우아하
게 물러서야 한다. 그러나 아마도 결국 권위에 의해 결
정될 문제에서는 논란에 끼어들기보다 피하는 것이 낫
다. 그렇게 우리 자신의 행동을 조절해 아이가 반감 섞
인 분노를 갖지 않도록 해야 한다. 그렇지 않으면 아이
는 마치 법에 복종하듯 감정 없이 그저 필요에 의해 부

모의 독단적인 결정에 따를 테니까.

인간은 자신이 이해한 명령이 아니면 어떤 것도 따를 필요가 없기를 바란다. 하지만 이것은 현재로선 적어도 아이들의 교육에서 실현 불가능해 보인다. 만약 우리가 어쩔 수 없이 지배와 독재를 행사해야 한다면, 우리에게 남는 선택지는 그저 비열하게 권력을 행사하지 않도록 조심하고, 불가피하게 우월한 위치에 있음을 알리고 친한 척하며 모욕적으로 대하거나 불필요한 논쟁을 벌이지 않는 것뿐이다.

9
{ 거짓말과 솔직함 }

아이를 교육할 때 거짓말보다 더 그 결과가 치명적인 경우는 없다. 거짓말은 아이와 어른 사이의 모든 너그러운 상호 관계를 단절시킨다. 이런 단절은 상대를 의심 많은 성격으로 만든다. 따라서 아이는 당신의 설명이나 주장을 믿는 대신 끊임없이 당신의 거짓말을 가려내려 하면서 경계를 늦추지 않는다.

아이는 똑같이 거짓말을 배우고, 어른에게 속은 아이는 자신도 어른을 속여 보려 애쓴다. 아이를 속이는 재간에 자부심을 느끼면서도 아이가 속이려 들다 그만큼 능숙한 계략에 걸려 들키면 굉장히 엄격한 꾸짖음과 불쾌감을 표하는 부모의 행동은 얼마나 부당한가? 일상 교육에서 습관처럼 아이를 속이는 다양한 종류의 거짓말을 낱낱이 열거해 보는 일은 꽤 유용할 것이다.

거짓말은 교육에서 아이가 무엇보다 먼저 접하게 되는 매우 나쁜 관행 중 하나다. 유모는 아이가 자지 않겠다고 떼를 쓰면 자신도 같이 자는 척을 한다. 부모는 막내를 먼저 재우기 위해 큰애들에게 먼저 위층으로 올라가 있다 막내가 보지 않을 때 다시 내려오라고 한다. 산책이나 외출을 하려는 엄마는 몰래 나가려고 아이에게 불필요한 심부름을 시켜 멀리 떨어져 있게 한다.

아이에게 귀를 잘라 버리겠다거나 우물에 던져 버리겠다거나 모르는 노인에게 줘 버리겠다거나 누가 널 데려가려고 굴뚝에서 내려온다거나 하는 거짓말로 위협을 가하는 것은 지나치게 역겨운 속임수다. 『성경』에도 이런 유의 내용이 담긴 구절이 있다. "아비를 조롱하며 어미에게 순종하기를 싫어하는 자의 눈은 골짜기의 까마귀에게 쪼이고 독수리 새끼에게 먹히리라."●

잘못된 행동에 대한 이런 유치한 가르침은 또 다른 가르침으로 이어지는데, 덜 역겹기는 해도 똑같이 치명적이다. 이런 가짜 도덕의 교훈은 우리가 떠들어 댈 때마다 별다른 생각이나 의심 없이 계속 이어진다. 세상에는 예전부터 이런 식으로 쓰이던 특정한 표현이 있는

　　●「잠언」30장 17절.

데, 아이를 겁주기에 딱 좋아서 아무리 듣기 좋은 말이라도 연거푸 반복하면 아이는 겁을 집어먹는다. 하지만 일반적으로 이런 유의 도덕은 어린 시절이 지나면 자신에겐 쓸모가 없어도 아이에겐 충분히 써먹을 만한 것으로 모두에게 받아들여진다.

이런 공허하고 무의미한 거짓말이야말로 진정한 원칙과 진실성, 진짜 도덕을 가장 심각하게 파괴한다. 도덕은 사물의 본질에 기초하고, 궤변으로 흔들리거나 미래의 어떠한 인간 지성의 향상에도 약화되지 않을 만큼 매우 강한 논거를 갖추고 있다. 그러나 앞서 말한 그런 썩어 빠진 도덕은 최소한의 공정한 평가도 견뎌 내지 못할 것이다. 그리고 방탕하고 생각 없는 사람은 그런 가짜 도덕이 없어지면 감히 심각하게 도덕의 이름을 훼손하는 모든 오류를 찾아냈다고 착각한다.

고통을 위로하는 흔한 표현이 마음 편한 사람에게는 충분히 그럴듯하게 들리지만 정말 위로가 필요한 사람에게는 불만스러울 뿐 아니라 거의 모욕적으로 들린다고 한다. 이 언급은 도덕의 모든 분야에 폭넓게 적용될 수 있다.

만일 누군가를 술이나 도박 또는 다른 악덕에 빠지지 않도록 설득하고 싶다면, 그 사람이 받는 유혹과 그에 따른 결과를 주의 깊게 살펴서 간략하게 사실 그대로 설명해 줄 필요가 있다. 의미 없는 말은 한마디도 하지 말아야 한다. 나는 당연히 내가 타이르는 사람이 이성적인 존재이고, 그를 현재 상황에 처하게 만든 충분한 문제와 이유가 있다고 믿어야 한다. 도덕은 쾌락을 두고 하는 계산일 뿐이다. 따라서 쾌락적 감각과 연관된다고 해서 도덕성의 문제에서 외면이나 경멸을 당할 필요는 없다. 내가 만약 나의 이해력에 기반한 충실한 추론과 성찰의 결과를 간결한 말로 표현한다면, 인간의 본성상 내 말에 귀를 기울이지 않을 리 없다. 그러나 도덕이라는 주제에 관해 의미를 모호하고 불확실하게 만드는, 약간의 진실과 너무 많은 편견을 포함한 뻔한 말로 이야기한다면, 듣는 사람은 아무런 영향도 받지 않을 것이다. 그런 이야기는 수천 번 되풀이되며 세대에서 세대로 이어진다. 그리고 인간의 마음에 있는 가장 강하고 절대 변하지 않는 정서에 깊이 호소하는 대신 도덕은 이러저러해야 한다고 떠드는 말은 인간의 참을성을 모욕하는 무척 심각하고 지루한 설교일 뿐이다.

똑같은 말을 하면서 아이와 어른에게 서로 다른 판단의 잣대를 들이대는 것보다 더 아이의 마음속에 싹튼 도덕성을 효과적으로 잘라 내는 것은 없다. 예를 들어, 만약 아이에게는 교회에 가라고 하면서 자신은 가지 않고, 어린 시절의 훈장인 양 아이에게 기도문을 읊게 하면서 자신은 아이가 읽으면 안 될 책을 읽고 들으면 안 될 대화를 나눈다면, 당신은 바로 이러한 오류에 빠지게 된다.

우리는 아이를 대하는 일반적인 방식이 강한 환상과 탐구적인 관찰력을 가진 아이에게 자기 앞에 펼쳐진 모든 장면이 환상은 아닌지, 겉으로 보이는 것과 달리 자신은 간수인 어른이 꾸민 아직 제대로 밝혀지지 않은 악의적인 음모에 빠진 일종의 죄수는 아닌지 하는 막연한 몽상을 심어 준다는 사실을 종종 깨닫게 될 것이다. 대개 어른과 아이 사이에 그어진 선은 지나치게 강압적이어서 아이는 자신이 어른과 같은 인간이 아니라 새장에 갇힌 새나 우리 속의 양 같다고 느낀다. 아이는 지금 자신에게 무슨 일이 일어나는지 알지만, 그 일이 어떤 의미인지 혹은 어떤 식으로 끝날지는 알지 못한다.

우리 세계는 장 자크 루소의 글이 보여 주는 저항할 수 없는 에너지와 그 성찰의 위대함과 독창성에 크게 빚을 졌다. 그런 루소조차 지금 우리가 살펴보는 바로 이 점에서 같은 오류에 빠졌다. 그가 제시하는 전체

교육 체계는 일련의 속임수이자 꼭두각시 인형극이다. 인형의 줄을 쥐고 있는 교사는 학생이 어떤 방식으로 움직이게 되는지 절대 의심하지 않도록 해야 한다. 학생은 교사가 자신보다 더 현명하다고는 상상도 못한다. 교사는 학생의 동반자가 되어 함께 공부하고 비슷하게 진도를 맞춰 나간다. 교사가 학습을 돕고자 한마디 할 때도 순전히 우연인 것처럼 보여야 한다. 교사가 굉장한 철학적 연구를 진행하고 조직의 모든 변화와 움직임을 주시하고 있을 때조차도 극도로 솔직하고 단순하고 무지한 데다 다른 꿍꿍이라곤 없는 것처럼 보여야 한다.

교육에 관한 루소의 논문은 무척 가치 있는 저술이다. 그의 논문은 인간 정신의 구조와 역사에 관한 매우 중요한 통찰을 담고 있다. 또한 교육이라는 직접적인 주제에 대한 그의 수많은 조언과 발언은 더없이 귀중하다. 그러나 여기서 언급한 부분에서는 루소의 의견이 근본적 진리의 매개체로서 어떤 장점이 있든 실천을 위한 지침으로서는 무척 해로운 관점이라는 걸 깨달을 것이다. 그가 처방한 거짓말은 어느 때고 들킬 위험이 있고 학생에게 의심받는 혼란스럽고 불분명한 방식을 취할 수밖에 없다. 이런 모든 경우에 교사의 거짓말은 들키지 않으면 별다른 해를 끼치지 않겠지만 들켰을 때는 막대한 악영향을 불러일으킨다.

만일 우리 아이들이 솔직하고 성실하게 행동한다면 우리는 그 솔직함과 성실함을 아이를 속여도 되는 빌미로 이용하지 않도록 조심해야 한다. 체벌은 정말로 훌륭한 교육 체제에서는 전혀 필요가 없다. 심지어 화난 표정이나 꾸짖는 말조차 완전히 퇴출될 것이다. 그러나 어떤 교육 체제든 아이에게 자신의 성실함을 후회하게 만드는 원인을 제공한다면 너무나 한심하고 해로워 보일 수밖에 없다.

교육에서 아이에게 솔직하도록 북돋는 것보다 더 중요한 일은 없다. 부모나 교사를 은밀한 적이나 엄격한 감독관으로 여겨 그 감시에서 가능한 한 멀찍이 벗어나기를 원하는 아이에 대해 우리는 어떤 생각을 해야 할까? 아이가 친구에게 진심으로 집요하게 "우리 아빠가 알면 안 돼"라고 매달릴 때 교육은 과연 어떤 식으로 이루어져야 할까? 우리는 아이가 얼마나 일찍부터 교활한 눈빛을 띠는지, 걱정스럽고 내성적인 표정을 짓는지, 공허하고 위선적인 속임수와 몸짓을 쓰는지, 그리고 그런 식으로 자신을 돌보는 사람을 속이고 따돌리는지 관찰할 필요가 있다.

이성적인 사람이라면 누구나 표정이 숨김없고 기민한 아이가 자기 아이였으면 하고 바라거나 애정을 주고자 할 것이다. 그의 앞에는 두려움 없는 확신과 온전한 환희가 자리하고 있다. 얼굴에는 주름도, 때 아닌 근심도 없다. 자유분방한 아이의 육체는 마음이 원하는 대로 움직이고, 그 우아함과 민첩함은 늘 가장 노련한 무용수조차 능가한다. 아이는 조금만 다독여도 인간 형상을 한 누구의 품에든 뛰어든다. 부모가 짧은 외출에서만 돌아와도 가슴을 두근대며 기뻐한다. 아이는 자신의 즐거움과 모험에 대한 소소한 이야기를 들려주고 싶어 한다. 아이의 목소리에는 강렬하고 힘차면서도 부드럽고 활기와 감성으로 가득한 무언가가 있다. 그 목소리를 들으면 나는 가슴이 부풀고 눈이 밝아진다. 아이는 입에 발린 말로 고통받는 누군가를 달래려 하지 않고, 진심이 담긴 다정함으로 다른 사람의 아픔과 슬픔에 공감한다. 내게 말을 걸 때면 어리광 섞인 우유부단한 말투가 아니라 두려움 없고 침착한 태도로 분별력 있게 재빠른 판단과 적절한 어법으로 이야기한다. 아이의 모든 행동에는 의미가 있고, 계산 없이 순수한 성실함은 시간이 지나면서 어른스러움과 어우러진다.

　이런 아이가 얼마나 뛰어난지 보여 주기 위해 굳이

기질이 정반대인 아이와 대조할 필요는 없다. 근심과 눈치가 아이의 얼굴에 얼마나 의도치 않은 마음의 그늘을 드리울까? 아이에게서 냉혹함과 소심함, 불성실한 눈빛과 불충한 계략을 목격한다면 얼마나 볼썽사나운 광경이겠는가! 인간 사회에 새로 도착한 이 이방인에게 고독하고 자기중심적인 정신을 불어넣고 친구를 사귀기 전에 적을 두려워하는 법부터 가르치는 것은 너무 지나친 일이다.

10

{ 신뢰를 얻는 법 }

교육에 관한 주제에서 아이의 신뢰를 얻는 것과 솔직함을 고무하는 것만큼 어렵고 섬세한 해법을 요구하는 문제도 없다. 이것은 아마도 엄격함으로 절대 해결할 수 없는 사항일 것이다. 그리고 엄격함은 보통 친절하고 공정하게 아이를 대하는 것과는 거리가 멀다.

아이와 어른 사이에는 본질적인 차이가 있다. 그리고 부모나 교사는 아마 학생에게 언제나 나이 든 사람일 것이다. 그들은 서로 성향도 추구하는 바도 다르다. 성격도 공부도 놀이도 항상 무척 다를 수밖에 없다. 역설적으로 들리겠지만 이런 차이는 서로 자주 소통할수록 비례해서 커진다. 모든 인간 가운데 부모와 교사가 아이와 가장 덜 닮았다. 만일 한 젊은이를 자신보다 어린 아이를 관리하고 감독하는 자리에 앉히면, 그는 갑자기 형식을 따지고 규율에 얽매이는 사람이 된다. 그리고 다른 사람의 행동을 감시한다. 상대방은 그럴 생각이 아예 없는데 말이다. 그는 앞으로 일어날 일과 잡다한 걱정에 몰두한다. 역시 상대방은 명랑하고 걱정이라곤 없으며 미래를 고민하지도 않는다. 그러나 가장 실질적인 측면은 그가 점점 평등이라는 진보적 감수성을 잃어 가고, 불가피하게 노예의 주인이 가질 법한 악덕에 물든다는 사실이다.

루소는 이런 어려움을 가짜 평등을 도입해 극복하려 시도했다. 그러나 끊임없이 위선과 거짓을 양산하는 그의 교육 체제에 대해 현재 다루는 주제와 연관 지어 더 언급할 필요는 없을 것 같다.

여기에서 우리가 다루는 문제가 제시하는 목표는 더할 나위 없이 중요하다.

우리가 아이에 대해 잘 알지 못한다면 어떻게 아이의 사고를 형성해 줄 수 있을까? 아이의 마음에 우리가 알지 못하는 수천 가지 생각이 스쳐 지나갈 텐데, 어떻게 아이의 사고를 감독하고 영혼을 빚어낼 수 있을까? 숙련된 장인이라면 가장 먼저 연장의 쓰임과 원료의 특성을 연구할 것이다. 이런 면에서 아이에 대해 상당한 지식을 쌓지 않는 한 우리는 아이에게 헛수고만 들이고 실패만 거듭할 뿐 아무런 교육적 효과도 얻을 수 없을 것이다.

아이가 자신의 개인적 자산으로 여기는 생각은 보통 스스로 큰 애착을 갖고 조심스럽게 품어 온 생각일 것이다. 교육의 형식적 교훈은 아이의 가슴에 아무런 떨림도 주지 못하고 스쳐 지나간다. 그러나 사적인 사색은 아이의 가슴을 뛰게 하고 피를 끓게 한다. 그런 생각을 할 때 아이는 전혀 새로운 사람이 된다. 그는 꼼짝 못하고 주저앉아 있던 수렁에서 벗어난다. 족쇄에서 풀려나 활력을 되찾는다. 눈은 빛나고 마치 산에서 뛰노는 어린 노루처럼 잔디밭을 껑충껑충 뛰어다닌다. 굴레의 시간은 지나가고 아이는 다시금 본래의 모습으로 되돌아간다.

어린 시절의 생각은 그 시기에는 흥미로워 보이지만 실제로는 나태하고 사소하다. 그러나 그 시기가 지나면 상황은 급격히 변한다. 사춘기가 가까워지면서 아이의 사고가 겪는 변화는 전반적인 성격 형성에 아주 큰 영향을 미친다. 자신이 어떤 사람인지 정확히 알지는 못하더라도 약간의 자각으로 가슴이 뛸 때, 전에는 불평 없이 복종했던 제약을 참을성 없는 영혼이 아랑곳 하지 않을 때, 새로운 존재가 갑자기 그를 덮쳐 이전의 자신보다 갑절의 존재가 된 것처럼 느껴질 때, 누가 그의 생각을 지켜보고 행동을 이끌어 줘야 할까? 마음의 상처로 인해 일찌감치 어른스러워져야 하는 상황에 처하지 않고 몸의 성장과 비례해 본성의 향상도 이룰 수 있다면 정말 다행스러울 것이다. 바로 이때가 아이에게 조타수가 필요한 시기다. 아이는 지금 함정과 장애물 사이에서 사방으로 위험에 둘러싸인 채 다양한 선택의 기로에 서 있다. 그러나 이때는 무엇보다 아이가 어른을 신뢰하길 꺼리는 시기다. 만일 이전에는 무척 개방적이고 거리낌 없고 생각하는 그대로 말했다면, 이제 수치심이 말을 가로막고 자신의 미숙한 생각을 감시자가 듣는 데서 털어놓으려 하지 않는다. 그는 자신만큼 어리고 무지하고 경험이 없는 사람을 친구로 삼아 어울린다. 그리고 친구는 아이를 경험해 보지 못한 분야로 안전하게 이끌어 주는 것이 아니라 기존의 방탕하고 타락한 상상력으로 계속해서 아주 부적절한 행동을 하도록 지나치게 자주 자극하고 유도한다.

여기서 언급한 그런 신뢰를 부모나 교사는 반드시 얻어야 할까? 신뢰를 받는 것이 학생에게 상처를 주거나 망신을 당하게 하지는 않더라도 나중에 가장 현명한 도덕주의자조차 피할 수 없는 곤경과 불확실성에 말려들게 하지는 않을지 때때로 의문이 든다. 그러나 합리적으로 생각해 보면 학생이 자신이 가진 것보다 더 큰 지혜를 필요로 할 때 그의 손이 닿는 곳에 그런 사람이 있어야 한다는 건 의심의 여지가 없다. 그리고 세상일이 대부분 그렇듯 이런 상황에서도 학생이 주시하는 대상 중에 가장 적절한 안내와 지도를 해 줄 사람이 있기 마련이다. 아이의 상황을 잘 살펴보면 어떤 안내가 필요한지 확인할 수 있고, 아이의 교육을 담당한 사람이라면 적절하게 아이를 이끌 수 있다. 우리가 인생의 가장 중요한 시기의 일들을 어떻게 할지 미리 결정할 만큼 현명하지 못해서 그런 일들을 우연에 맡기는 것은, 다른 무엇보다 그 우연이 교묘하게 작용하길 바라는 자기본위적인 책략의 일부다. 그러나 역시 그런 행동이 어른의 현명한 보살핌이나 후한 자애로움의 결과일 수는 없다.

아이가 연륜과 경험에서 나온 도움을 받을 수 있다는 점을 제외하고도 부모와 교사가 아이의 신뢰를 얻으려 애써야 하는 이유가 하나 더 있다. 만일 다른 사람의 정신을 함양하는 데 많은 부분을 지원해 주고 싶다면 나와 그 사이에는 일반적 상황에서보다 더 많은 정성과 애정이 필요하다. 인간 정신의 역사에서 공감보다 더 광범위한 영향력을 끼친 것은 없다. 우는 자와 함께 울고 기뻐하는 자와 함께 기뻐하는 것이 우리 본성의 특징 중 하나다. 그러나 만일 완전히 낯선 사람과 교제할 때도 이런 공감을 발휘한다면, 우리의 존경심과 애정의 강도에 비례해서 공감은 말할 수 없이 커진다.

어떤 일에서든 공동체는 모든 어려움을 덜어 주고 그 피곤함을 달래 준다. 친구와 함께 일하면서 서로 활기를 주고받을 때면 나는 확신에 차서 인간이 할 수 있는 그 이상의 일도 해낼 수 있다. 서로 강하게 공감하는 관계에서는 서로의 장점도 쉽게 모방할 수 있다. 서로를 충만한 친절로 대하는 사람끼리는 굳이 소리 내어 말하지 않아도 서로를 이해한다. 그런 사람들 사이에는 늘 그렇듯 일종의 자기장이 형성된다. 그들의 의사소통 수단은 너무 미묘하고 미세해서 알아차리기 힘든데도 서로 명확하게 의사를 전달한다. 누구든 교육의 목적에 적용할 수 있는 아주 강력한 동력을 갖고 싶다면, 그리고 정신의 본체 전체를 스스로 움직일 수 있게 떠받쳐 줄 토대를 발견하고자 한다면, 아마도 공감에서 그것을 찾을 수 있을 것이다.

사람이 막강한 권력이 있다고 해서 꼭 그것을 남용하는 건 아니다. 그러나 현명한 스승이라면 학생의 정신에 영향을 미칠 만한 막강한 힘을 가졌으면 할 것이다. 비록 그 힘을 효율적이면도 조심스럽게 사용하겠지만. 따라서 그는 모든 정직한 수단을 동원해 학생의 신뢰를 얻으려 노력하고, 그렇게 해서 둘 사이에 접점이 두루두루 많아지면 학생은 교사를 신전의 바깥뜰에서 온 이방인으로 여기지 않을 수도 있다. 교사의 이미지가 학생이 즐거워하는 것과 잘 어울리면 놀이의 상대가 될 수도 있다.

학생에 대한 건전한 이해는 우리를 타인에 대한 신뢰로 곧바로 이끄는 동시에, 학생을 우리와 동등한 존재로 여겨야 하고, 그를 향한 애정을 분명하게 표현해야 하고, 그의 기쁨과 슬픔에서 진정한 공감을 발견해야 하고, 가혹한 감시자나 엄격한 감독관 노릇을 하지 말아야 하고, 가식적인 태도로 학생을 대하지 않아야 하고, 근엄하고 장황하고 냉담한 전문 용어를 쓰지 않아야 하고, 말은 자연스럽고 행동은 단순하고 표정은 진심이 어려야 한다는 것을 알려 준다.

그러므로 기만적인 의도 없이 온화하고 은근하게 자발적으로 행동한다면 아이의 신뢰를 얻기 위한 적절한 노력이 거절당하지는 않을 것이다. 습관은 우리가 얻어 낸 지위를 확립하게 해 줄 것이고, 우리의 영향력은 매일 확실해질 것이다. 그리고 우리의 잘못된 행동이나 어리석음만 아니라면 이 가장 빛나는 우정의 배지를 잃어버릴 일은 없으리라.

그러나 전체적으로 이런 교육 분야는 극히 미묘한 측면이 있다. 무분별한 경계와 지나친 방심 사이에 중간 지점이 없어서 정확하게 맞추기란 심히 어렵다. 만일 후자라면 어른은 아이가 감추는 것이 없다고 여기며 만족한다. 그러나 동시에 아이는 어른의 눈을 피할 수천 가지 방법을 생각해 낸다. 바로 그 자신의 잘못된 행동으로 인해 아이의 가슴에 주입되고 길러지는 비열함과 타락을 제외하면 어른의 이런 오만한 자신감만큼 터무니없는 효과를 가져 오는 것은 없을 것이다.

그동안 아이에게 자발적인 신뢰를 얻기가 너무나 어려웠기 때문에 교사는 실패할 경우에 대비해 마음의 준비를 하고, 또 거부당한 경우 교육의 다른 장점에서 얻을 수 있는 이득을 스스로 찾아내야 했다. 인간은 너무나 나약하고, 가장 영리한 계획도 너무나 불완전하며, 권력에 대한 집착으로 쉽게 바보가 되기 때문에 가장 능숙한 교사라도 종종 이렇게 매우 어려운 문제에서, 교육 기술의 불명예가 되는 문제에서 실패할 수 있다. 그래도 편협하고 금지된 방법을 쓰기보다 차라리 시도조차 하지 않는 편이 낫다. 만일 학생에게 친구로 선택받지 못한다 해도 최소한 스파이처럼 굴거나 심문관처럼 행동하지는 말아야 한다. 교사가 정직하고 고결하게 얻을 수 있는 것을 굳이 빼앗게 하지 말자. 학생으로부터 놀라운 소식을 기다리면서 학생이 주겠다고 동의한 바 없는 신뢰를 미리 속여서 빼앗게 하지 말자. 교사가 도둑이나 남의 말을 엿듣는 사람을 연기할 만큼 진실성을 잃게 하지 말자. 사회생활에서 가장 신성한 신조 가운데 하나인 명예는 인간이 인간에게 요구할 권리가 있는 자제심에서 비롯하는데, 가치 있는 사람이라면 책상에 놓인 편지를 몰래 읽느니 지갑을 훔치거나 영지의 부동산 권리 증서를 위조할 것이다. 교육의 가장 큰 오류 가운데 하나는 아이들이 온전한 인간으로 대접받지 못하고, 자신의 보잘것없는 소유물로 세운 제국에서 충분한 격려도 받지 못하고, 자신의 중요성도 느끼지 못하고, 스스로를 존중할 줄도 모른다는 사실이다.

학생의 친구가 되지 못하더라도 교사가 학생의 성장과 이익을 위해 할 수 있는 일은 많다. 그는 학생에게 매우 귀한 교훈을 매일 전할 수 있다. 학생이 진보적인 정서를 갖추도록 할 수도 있다. 또 학생에게 페늘롱●의 박애주의와 카토●●의 고상한 영혼을 불어넣을 수도 있다. 만일 교사가 여러 면에서 뛰어난 사람이고 자신의 장점을 잘 안다면 학생의 공감을 불러일으키지 못할 수도 있다는 점을 두려워하지 않을 것이다. 학생이 공감하지 않겠다면 그냥 그러라고 할 것이다. 그는 학생이 자신을 전적으로 신뢰하는지, 그리고 사소한 걱정과 계획을 털어놓는지 같은 문제는 관대한 무심함으로 일축해 버릴 것이다. 교사는 어린 정신에 더 고귀하고 더 결정적인 수준의 영향력을 끼칠 것이다. 만약 인간 정신에 관한 참된 학문을 접한 사람이 아이의 영혼이 도약하도록 일깨우는 방법을 모른다면 실로 이상한 일일 것이다. 그리고 인간 행복에 가장 본질적인 모든 측면에서 학생이 매우 상서로운 영향을 계속 받는 한, 그의 마음에 관대한 정서와 순수한 미덕을 불어넣는 한, 그는 절대 자신을 이루는 신조를 저버리지 않으리라.

● 프랑스의 신학자·소설가.(옮긴이)

●● 고대 로마의 정치가·문인.(옮긴이)

11

{ **어떤 책을 읽을까?** }

어떤 책이 아이가 읽기에 적당하고 또 그렇지 않은지 결정하기란 대부분 어느 집이나 부모와 아이 사이에 꽤 까다로운 문제다. 부모가 먼저 책을 읽어 보고 아이에게 적절하지 못하다고 판단하는 경우가 많이 있다. 책장의 유리문 너머로 아이는 표지와 제목을 볼 수 있지만 부모는 열쇠를 따로 잘 감춰 놓고 한 번에 한 권씩 골라 아이에게 건네준다. 여자아이에게 소설을 읽지 못하게 했는데, 이런 금지는 종종 부모와 아이 사이에 힘겨루기를 유발했다. 아이는 잽싸게 숨기고 부모는 잡아내느라 혈안이 되는 것이다.

꼭 이런 식으로 아이가 책을 읽는 데 제한을 둬야

할까? 마치 로마 교회가 어리석은 신자를 위한답시고 금서와 읽어도 되는 책의 목록을 만든 것처럼 부모도 아이가 읽어도 되는 책의 목록을 만들어야 할까?

이런 예방책에는 어쩔 수 없이 다양한 부작용이 뒤따른다.

첫째, 부모와 아이 사이를 갈라놓는 벽이 생긴다. 아이가 독단적인 규정을 따라야 하는 죄수가 되면 자연히 부모는 감옥을 지키는 간수가 된다. 그러면 서로에게 너그러웠던 관계도 어그러지기 마련이다. 누구도 자기 영지에 들어오지 말라고 경고하고, 내가 다니는 길에 울타리를 치고, 내 마음이 가는 대로 하지 못하게 막는 사람을 사랑할 수는 없다. 나는 그런 식의 판단을 내리는 사람을 이해할 수 없다. 그 사람은 스스로 납득할 수 있을지 모르지만. 그래서 나는 그런 사람은 친구로 여기지 않는다. 애정이 생기려면 상대에게 중요한 것을 위해 나도 뭔가 하거나 최소한 하는 척이라도 해야 하는 법이다. 이건 전혀 모호한 문제가 아니다. 이해할 수 없는 상대를 친밀하게 느낄 수는 없다. 자신의 비밀을 숨긴 채 마음을 닫아 버린 사람을 무조건 사랑하라고 할 수는 없는 법이다. 우정은 말하자면 사람들의 마음이 하나로 합쳐지고 서로의 생각이 투명하게 드러나 온

전하게 소통할 때 생겨난다. 극한 상황에서는 그런 우정도 쓸모가 없을지 모른다. 칸막이와 침묵으로 끈질기게 규칙만 강요하다 보면 부모와 아이 모두에게 최악의 효과만 가져올 뿐이다.

둘째, 이와 같이 휘두르는 독단은 특히 관대한 마음과 영혼을 삐걱거리게 한다. 호기심은 인간의 가장 강한 욕구 중 하나다. 호기심은 어려움과 반대에 부딪히면 더 커지고 확대되는 경향이 있다. 가로막는 장애물이 크면 클수록 더 부풀어 올라 그것을 가두는 둑을 부수려고 애쓰는 법이다. 많은 것을 무관심하게 흘려버리지만 뭐든 일단 금지의 대상이 되면 별안간 꺼지지 않는 열정의 원천으로 변한다. 흔히 "어린 시절의 성급함과 불안함은 고칠 수 있다"고 한다. 그렇지만 그건 결국 인간 정신의 가장 뛰어난 원천을 망가뜨리고 그 전부를 부끄러운 잡동사니로 취급하겠다는 말과 같다. 그러나 영혼에 호기심 같은 뜨겁고 심오한 감정이 남아 있는 한, 여기서 말하는 금지나 다른 사람의 의지에 따른 냉혹한 명령으로는 그것을 통제할 수도, 틀에 가둘 수도 없다. 오히려 격렬한 분노를 일으키고, 의도한 바가 아니었다 해도 분통 터지는 부당함의 사례로 기억될 뿐이다.

셋째, 부모와 아이가 벌이는 이런 유치한 힘겨루기 야말로 아이에게 가장 해로운 습관을 갖게 만든다. 아이는 부모에게 들키지 않는 데에만 열중해 부모가 불쑥 들어올까 불안한 마음으로 문밖의 소리에 귀를 기울이고, 허위 경보에 놀라 몇 번이고 읽기를 멈추고 책을 숨겨야 한다. 결국 실제로 이렇게 방해를 받으면 아이는 제대로 집중하지 못하고 표정 연기를 해야 한다. 터질 듯 두근대는 가슴을 급하게 가라앉히고, 애써 진짜인 척 목소리를 가장하고 본모습을 감춘다. 이보다 더 정교하게 위선을 가르치는 학교가 어디 있을까?

앞서 언급한 금서 목록의 작성에서 큰 논란이 벌어지는 이유는 문학작품의 도덕적 혹은 비도덕적 경향의 수준이 천차만별이기 때문이다. 가장 확실한 견해 가운데 하나는 작가 자신이 윤리적인 면에서 최악의 실수를 끊임없이 저지를뿐더러 자기 작품의 경향을 스스로도 잘 모른다는 것이다. 그런 점에서 『이솝 우화』에 흔히 부가되는 형식적이고 틀에 박힌 교훈이란 정말 시시하기 짝이 없다. 유명세를 차치하고 보면 삶에서 『이솝 우화』 같은 결론을 내릴 일이 과연 얼마나 될까? 작가가 그런 용도의 교훈을 머릿속에서 짜낸다고 해도 독자가 우화의 상황을 보고 그런 교훈을 친숙하게 받아들이는 건 아니다.

어떤 이야기의 교훈이나 책의 진정한 의도를 알아내기란 특히 어렵다. 요한계시록의 666이란 숫자처럼 이런 종류의 질문은 지나치게 논란의 여지가 많기 때문이다.

호메로스가 『일리아드』를 쓴 의도는 뭘까? 그는 정치적 동맹 간의 불화로 인한 파멸의 한 예로 이 작품을 고안한 듯하다. 가장 두드러지게 인상에 남는 것은 전쟁의 승리가 얼마나 헛된 영광인지 강조하고, 세상의 영웅이라는 불건전한 족속을 불멸의 존재로 만들었다는 정도다.

『걸리버 여행기』는, 특히 휴이넘과 야후에 관련한 부분은 어떤 의도로 썼을까? 확실한 것은 이 작품이 인간에 대한 강한 혐오감을 불러일으키고 인간이 아닌 다른 동물의 세계에 과한 호감을 갖게 한다는 점이다. 우리 시대의 작가 윌리엄 헤일리는 심지어 그런 작품을 쓴 죄에 걸맞은 대가로 자신의 시●에서 스위프트를 지옥에 처넣고 악마의 손에 영원히 고문당하게 했다. 반면 스위프트는 휴이넘과 야후라는 이름을 빌려 인간의 전혀 다른 두 측면 즉 가장 높은 수준의 진보와 가장 저열한 타락의 모습을 보여 주려 했을 뿐이다. 그리고 『걸

●「기질의 승리」(Triumphs of Temper).

리버 여행기』가 다른 어떤 작품보다 악에 대한 깊은 적 개심과 인간 본성의 탁월하고 고귀한 모든 측면에 대한 열렬한 애정을 보여 준다는 것만큼은 분명하다.

이런 식으로 논란의 소지가 있는 책을 열거하자면 끝이 없다. 작가는 이런 면에서 독자보다 하등 나을 것이 없다. 만약 작품을 쓸 때 교훈적인 의도를 미리 염두에 둬야 한다면, 작가는 그 이야기에서 어디에 가장 밝은 빛을 비춰야 하는지 알지 못하게 되고, 글의 매력을 어디에서 발견하도록 해야 하는지도 더는 중요한 문제가 될 수 없다. 나중에 그런 가르침을 집어넣어야 한다면, 작가는 자주 곤란한 지경에 빠지게 되고 어떻게든 그 상황에서 빠져나와야 한다.

오트웨이●는 두 번째 방법을 착실히 따랐다. 그는 비극 「고아」의 마지막 부분에 이런 교훈을 써넣었다.

천국은 여전할 테지.
하늘이 인간을 괴롭혀도 인간은 불평조차 할 수 없으니.

새뮤얼 리처드슨●●은 이와 정반대 방식을 취했다. 그는 러브레이스와 그랜디슨●●●을 각각 타락한 인물과

고귀한 인물의 전형으로 그려 냈다. 작가는 이런 주인공을 모방하도록 치밀하게 계산한 것은 아니다. 그렇지만 독자가 글랜디슨보다 러브레이스를 더 닮고 싶어 하리라는 사실은 인정해야 한다.

밀턴은 인간의 시조인 아담과 이브가 선악과를 따먹은 이 가증스러운 위법 행위 때문에 전지전능한 신이 전체 인간에게 영원한 벌을 내린 기묘한 이야기를 장엄한 시로 썼다. 그는 이 시를 쓴 목적을 이렇게 말한다.

인류에 대한 하느님의 뜻이 옳음을 밝힐 수 있도록. ••••

그러나 작가의 의도나 목적에 대해 가장 기억에 남는 말은 가장 부지런한 독자조차 작품의 진정한 교훈이나 타당한 추론을 대부분 오랫동안 깨닫지 못한다는 것이다. 책이 세대를 이어 전해져 내려오는 동안 신에 대한 사랑과 신앙심을 갖춘 참된 교사도 신을 무자비하고 잔인무도한 폭군으로 표현해 왔다. 만일 그런 편견만으로 신을 이해한다면 독자는 신에 대해 혐오감만 키우게 될 것이다. 우리가 책에서 받는 감동은 실제 내용보다 책을 읽는 우리의 사고방식과 배경 지식에 더 좌우되는

••• 각각 그의 소설 『클러리사 할로』의 방탕한 남자 주인공, 『찰스 그랜디슨 경』의 모범적인 남자 주인공.(옮긴이)
•••• 『실낙원』 1권 26행.

것 같다. 지금까지 우리는 작품의 교훈과 작가의 의도를 마치 같은 것을 가리키는 서로 다른 이름처럼 생각해 왔다. 그러나 실제로는 전혀 그렇지 않다.

책에서 교훈은 작품에 관해 쓴 가장 적절한 해설에 내려지는 윤리적 판결이라고 할 수 있다. 반면 의도는 작품이 독자에게 불러일으키리라 계산된 실제적인 효과로, 정말 그런지는 독서를 통해서만 확인할 수 있다. 교훈의 선택과 의도의 성격은 독자의 기존 사고에 크게 좌우된다.

비극 「아름다운 회개자」●를 예로 들어 보자. 많은 독자가 이 작품에서 얻는 교훈은 어긋난 사랑의 해악과 모든 것을 아버지와 남편에게 헌신해야 하는 여성의 의무일 것이다. 하지만 이것을 여성과 관련한 현 사회 제도의 모순과 여성은 "한 발만 잘못 디뎌도 평판을 망친다"는 사고방식이 불러오는 비참한 결과를 강도 높게 풍자한 작품으로 보는 독자도 있을지 모른다. 그런 관점에서 보면 주인공 컬리스타는 인류의 불평등과 싸우는 가장 훌륭한 자질을 가진 여성의 숭고한 본보기일 것이다. 컬리스타의 뛰어난 능력과 영웅적 성격과 탁월한 성향이라면 가능하다. 이 여성은 사회에 축적된 폐단에 대항해 불굴의 인내심으로 싸웠고, 비록 패배했

●영국의 계관시인이자 비극 작가 니컬러스 로의 희곡.(옮긴이)

지만●● 정신적인 면에서는 지지 않았으며, 아주 비열한 행동에 뛰어들었을지는 몰라도 가장 고귀한 사람에게 걸맞은 영혼을 가졌다. 이 두 관점이 작가가 생각한 교훈이 맞는가 아닌가는 중요하지 않다. 작품의 의도 또한 이런 관점과는 전혀 다를 수 있다. 오히려 독자의 다양한 기질과 성향만큼 그 의도도 다양하게 읽힐 수 있다.

여기에서 교훈과 의도를 굳이 구분하자면, 작품의 교훈은 부차적인 고려 대상일 뿐 작가의 의도야말로 주목할 만한 가치가 있다. 예를 들어 작품이 부도덕하거나 불쾌한 결론에 이른다 해도 작가의 의도는 상당히 유익하고 이로운 것일지 모른다. 작품의 주요한 의도는 보편적 잣대인 지적 측면 혹은 도덕적 측면, 즉 독자의 이해력을 높이거나 성품을 개선하는 측면에서 볼 수 있다. 이런 배려는 어쩌면 작가의 문제 있는 도덕성에 쏟아지는 비난을 좀 누그러뜨리려는 계산일지도 모른다. 작품의 교훈이 도덕적으로 형편없다고 해도, 그것을 나쁜 의도의 증거로 보기는 모호하다. 제아무리 완벽한 지혜를 발휘한다 해도, 결국 다수의 독자에게 그 작품이 과연 이로운지 정도만 헤아릴 수 있을 뿐이다. 결과적으로 독자에게 해로운 책이라도 처음 쓴 목적은 매우 고귀하고 순수할 수 있기 때문이다.

어떤 작품이든 뻔한 도덕적 의도보다는 지적 의도가 훨씬 더 중요하게 고려된다. 『질 블라스 이야기』●는 도덕적 의도 면에서 그다지 순수한 작품은 아니다. 주제는 사기꾼 같은 한 사내의 성공과 행운으로, 적어도 주인공은 엄격한 도덕에 얽매이지도 그 때문에 고민하지도 않는다. 작가는 온갖 비행과 방탕이 난무하는 장면을 가볍고 정교한 필치로 그려 낼 뿐이다. 셰익스피어 또한 딱히 자신의 도덕성에 마음 졸이는 작가가 아니었다. 선악 자체에 큰 의미를 두지 않고 상황에 따라 어느 쪽이든 취했다. 우리가 만일 작가의 도덕성이나 직접적인 도덕적 의도 따위로 책을 판단한다면, 우리의 서재가 어떤 폭격을 당할지 가늠해 보는 것도 꽤 유익한 일이 될 것이다. 오랫동안 사랑받고, 재능과 취향을 갖춘 사람이 끊임없이 탐독하고, 그 덕분에 지혜와 능력, 안목과 교양, 기민함과 활력을 키울 수 있었던 수많은 책이 부도덕하다는 이유로 불태워지고 중립적이라는 이유로 헛간에 처박힐 것이다. 우리의 선택적 호감이나 첫 관심은 주로 작가에게 향하는데, 작가는 살인범과 다름없는 기질을 가졌더라도 작품에는 자신이 가진 최고의 문학성과 재능을 담아낼 수 있다.

124　　●프랑스의 소설가 알랭 드네 르사주의 장편소설.(옮긴이)

만일 우리가 작가마다 가진 상대적인 장점을 충분히 이해하고, 자라난 환경에 대한 잘못된 편견에서 자유롭고, 학자와 철학자같이 관습에 얽매이지 않는다면, 어떤 책을 읽어야 할지 결정할 때 전혀 망설이지 않을 것이다. 그러한 작가의 주요한 장점은 바로 '죽은 자의 갈비뼈에서 새로운 영혼을 창조한다'●●는 것이다. 훌륭한 저자의 책은 거부할 수 없는 매력으로 가득 차 있고, 그들의 영혼 전부를 우리 영혼에 쏟아부어 우리를 황홀하게 하고, 광기에 이를 정도로 수많은 생각할 소재를 던져 준다. 또 나의 포부를 키우고, 능력을 확장하고, 다짐을 북돋고, 존재를 갑절로 만들어 주는 듯하다. 이런 작가는 나에게 풍요로운 자유를 제공한다. 그리고 더없이 귀중하고 신성한 혜택을 주기 때문에 나는 작가가 택한 비유나 재능에 따르기 마련인 부수적인 것에 대해 왈가왈부할 생각이 없다. 만일 에픽테토스가 「도덕론」을 혹은 세네카가 「위로문」을 남기지 않았다면 어땠을지는 짐작이 되지만, 셰익스피어나 밀턴이 글을 쓰지 않았다면 어땠을지는 상상조차 할 수 없다. 영국의 가장 외진 촌구석에서 태어난 보잘것없는 무식쟁이는 그런 작가가 없었다면 불가능했을 전혀 다른 사람이 됐다. 그들의 작품을 통독하고 달라진 사람이라면 누구나 자신을 둘러싼 영감에 일정 부분 전염되어 있다. 그러한 영감은 사람에게서 사람에게로 전해져 나중에는 모두에게 영향을 미친다. 지금 중국에 사는 아주 현명한 고관대작이라도 밀턴과 셰익스피어의 작품에 능력과 지혜를 전혀 빚지지 않았다고 할 수 없을 것이다. 본인은 그 이름을 들어 본 적조차 없다고 해도 말이다.

책은 어쩌면 일반적으로 상상하는 정도는 아니라도 인류의 도덕성을 타락시킬지 모른다. 책은 부도덕한 사회에서 일어나는 사건에 효과적으로 일조하고 그 영향을 퍼뜨린다. 그렇지만 이미 선이 존재하는 곳에 책이 악과 부도덕을 심는 일은 거의 없다. 모든 것은 책을 읽는 사람의 정신에 달려 있다. 책에서 독소만 뽑아내는 사람은 대부분 이미 타락한 마음가짐으로 책에 다가선다. 아마도 책은 악을 만들어 내는 힘보다 선을 만들어 내는 힘이 훨씬 클 것이다. 선이란 우리가 평화로운 마음으로 숙고하는 대상이다. 우리가 선에 대해 더 깊이 생각할수록 우리의 용기는 커지고, 장애물뿐만 아니라 심지어 경멸에도 맞설 수 있게 된다. 그러나 악은 특히나 부정적인 종류의 대상이다. 악한 길에 들어선다는 생각만으로도 불안해지고 겁을 먹고 수치심을 느낀다. 악은 우리를 흥분시키기보다 아주 심하게 무력하게 만든다. 부도덕한 삶에 느끼는 꺼림칙함은 무엇으로도 지우기 힘들다. 오로지 염치가 사라지고 뻔뻔함이 판치는 사회가 주는 자극만이 그런 거리낌을 잊게 할 뿐이다.

지금 우리가 논하는 주제에서 또 다른 중요한 점은 주의 깊고 애정 어린 교육 과정 전체에 널리 펴져 있는 오류와 관련이 있다. 아이에 대한 부모의 관심은 종종 터무니없이 높아지곤 한다. 아이를 천재라 여기며 어떤 수고도 아깝지 않다고 생각한다. 그런 부모는 잠시라도 아이 생각을 하지 않고는 배기질 못한다. 마치 광적인 애인처럼 지나친 애정으로 아이를 대한다. 아이가 소중한 장난감을 다루듯 아이를 다루고, 아이가 자기 시야에서 조금이라도 벗어나면 참지 못한다. 약간의 충격에도 부서질 듯 혹은 거친 폭발에 아이의 뼈대가 부러질 듯 지나치게 걱정하며 과잉보호한다.

이것은 전적으로 잘못이다. 인간 존재의 진정한 목적은 누군가의 장난감이 되는 것도 즐거움을 주는 것도 아니다. 사람은 스스로 자립하지 않고서는 진정한 존엄성을 갖출 수 없다. 아이는 바람에 날아갈까, 햇볕에 그을릴까 겁내야 하는 귀중품이 아니다. 아이가 우리와 같은 본성을 지닌 존재라는 사실을 절대 잊지 말자. 그만의 열정과 생각과 감정을 가지고 태어난 존재라는 사실을. 또한 아이는 자기 지위를 갖고 맡은 역할을 수행하기 위해 태어났다. 더불어 극복해야 할 어려움과 이행해야 할 임무를 가지고.

인간의 진정한 소명이란 바로 그런 것이다. 아이는 마음속에 이런 소명을 새기며 성장해야 한다. 어른은 아이가 충분히 감당할 수 있고 그것을 자랑스러워할 때까지 조금씩 현실의 짐을 늘려 가야 한다. 또렷한 발음을 할 수 있게 되자마자 홀로서기를 시작해야 하고, 자기 자신에게 긍지를 느낄 수 있어야 한다.

이를 위해 우리는 아이가 항상 어느 정도 자신감을 가질 수 있도록 해 줘야 한다. 아이는 세상과 떨어져서 혹은 세상에서 일어나는 일에 무지한 채로 길러져선 안 된다. 아이는 자기와 같은 종의 얼굴을 보는 데 익숙해져야 한다. 인간의 열정, 특이점, 심지어 악덕에 대해서도 어느 정도는 알아야 한다. 때로는 자신과 다른 성향과 부딪히고 서로 다툴 수도 있는 상황을 묵묵히 견뎌야 한다. 무척 우려되는 일은 우리가 아이를 일정한 나이가 되도록 나태하고 유약하게 키워 그 영향이 평생 가는 것이다. 인간의 정신은 절대 어린 시절처럼 유연하고 말랑말랑해질 수 없다. 그러니 우리가 성인이 되어 찾고자 하는 바가 무엇이든 아주 어린 시절부터 그것을 시작하려 노력해야 한다.

이런 언급은 당연히 어떤 책을 읽을 것인가라는 주제에도 적용된다. 사회적 교류 면에서 아이가 이른 시기부터 어느 정도는 세상 속에서 사람들과 함께 살아가야 하는 것처럼 책을 읽는 일도 그렇게 해야 한다. 아이가 언제까지나 가상공간에 갇혀 철학자의 격언이나 체계적이고 고상한 도덕적 경구에만 익숙해지고, 인간의 삐뚤어진 마음이나 인간의 행동을 통제하는 동기에는 무지하다면 결코 바람직한 일이 아니다. 어느 정도는 아이 자신을 믿어야 한다. 경우에 따라서는 아이가 스스로 독서의 방향을 정하게 놔두자. 우리가 아이를 위해 골라 주는 책은 어딘가 지나치게 억지스럽고 단조로울 위험이 있다. 아이가 문학이라는 정글에서 어슬렁거리게 하라. 인간의 마음에는 어떤 신조가 있어서 자신만의 적절한 시기를 알아채는 것 같다. 그러니 때로는 아이가 자신만의 시기에 선택한 책을 음미하게 두는 편이 부모가 골라 손에 쥐여 주는 것보다 훨씬 낫다. 인간은 자발적으로 행동하기를 좋아하는 존재다. 자기 의지로 행동할 때 아이는 외부 자극에 의해 행동할 때보다 훨씬 더 건강하고 활기찰 것이다.

이 주제에 한 가지만 더 덧붙이고 싶다. 우리가 책

에서 받는 인상은 앞서 언급한 것처럼 책의 실제 내용보다 그 책을 읽는 사람의 마음가짐과 정신적 성향에 더 많이 좌우된다. 그러니 유능한 교사라면 아이가 스스로 고른 책에 대해 걱정할 필요가 없다. 이런 의미에서 사도바울의 유명한 격언인 "정결한 자에게는 모든 것이 정결하다"는 말은 사실로 인정해야 할 것이다. 편견에 사로잡힌 사람이 얄팍하고 조잡한 근거로 지나치게 감정적인 주장을 펼치고, 앞뒤가 맞지 않는 터무니없이 과장된 글을 순수한 경외심을 가지고 읽는 것을 흔히 볼 수 있다. 그렇지만 항상 그런 것은 아니다. 진실이란 강력해서 그 즉시는 아니라도 최소한 조금씩은 퍼져 나가기 마련이다. 분별력의 빛은 희미하지만 오류라는 아주 두터운 구름을 꿰뚫을 것이다. 그러나 우리는 이러한 사례에서 진실이야말로 교사의 목표라고 가정한다. 그런 가정하에서 교사가 타락과 궤변을 극복할 수 없다면 정말 이상한 일일 것이다. 더구나 교사는 가까이에서 끊임없이 그런 타락과 궤변이 나타날 때 생기는 모든 변화와 징후를 관찰할 수 있고,● 특히 죽은 글자와 달리 살아 있는 목소리와 잘 조절된 능숙한 언변으로 상대의 생생한 공감을 얻을 수 있다는 이점이 있

● 어떤 독자도 이런 주의 깊음과 앞서 언급한 음흉한 감시 사이의 차이에 대해 상기할 필요는 없다. 이성적인 명민함은 매우 유익한 반면, 우리의 평온을 무너뜨릴 만큼 민감하거나 우리의 명예를 파괴할 정도로 비양심적인 관찰은 그렇지 않다.

다. 이점은 이 정도로 충분하다. 그리고 교육의 진정한 목적은 학생을 그저 교사의 복제품으로 만드는 것이 아니다. 따라서 다양한 독서를 통해 학생이 새로운 사고를 훈련하게 하고, 새로운 학문의 보고寶庫와 미덕에 대한 새로운 보상을 펼쳐 주는 것은 불평하기보다 기뻐해야 할 일이다. 또한 이는 여러 가지가 뒤섞인 복합적인 효과로 학생이 수업의 한계를 뛰어넘는 향상을 이루고 교사가 결코 알지 못했던 높은 수준에 이르게 할지도 모른다.

12
{ 어린 시절의 성격 형성 }

어린 시절의 성격이라는 주제 그리고 아이다운 방식으로 일찍부터 드러나는 유망하거나 유망하지 않은 조짐에 대해 몇 마디 해 두는 것도 나쁘지 않을 것 같다.

험담은 오랫동안 활개를 치며 세상에 퍼져 가장 아름다운 꽃에 독을 뿜는 특권을 누려 왔다. 그것은 오랜 명성에 걸맞게 쉽사리 없어지지 않을 것이다. 은밀한 원한을 가진 자는 그런 독에 새로운 악의를 덧붙이며 즐거워한다. 그리고 실없는 농담을 주고받으며 하는 장난스러운 말은 종종 시간으로도, 다른 어떤 지혜와 미덕의 치료법으로도 치유할 수 없는 상처를 남긴다. 그런 상처는 눈에 보이지 않지만 끊임없이 사람을 괴롭힌다. 천재의 위대한 노력 그리고 자비심의 매우 순수한 기운도 쇠약해지고 무력해지고 소모된다. 다른 사람을 중상모략하기보다 쉬운 일은 없고, 상처에서 화살을 뽑아내기보다 어려운 일도 없다. 그 사람의 외양은 퇴색하고 망가진다. 그의 모든 미덕이 악덕으로 변하고, 그의 모든 행동은 왜곡되고 오해받고 비난당한다. 진실의 잔은 결코 그에게 돌아가지 않을 것이며, 어떤 경우에도 제대로 된 판결을 받을 수 없다.

　　그러나 험담은 첫발을 내딛는 장래가 촉망되는 아이를 향할 때 배로 끔찍하고 비열한 짓이 된다. 어른이라면 어느 정도 힘을 갖추고 그런 악담에 대처할 수 있다. 자신을 변호할 수도 있다. 그는 인간의 열정과 흔들림 없는 진실이라는 마법을 시도해 본 적이 있고, 익숙하게 이 두 가지를 사용할 수 있다. 게다가 어른이라면 언제든 불행과 맞닥뜨릴 수 있다고 예상해야 한다. 만일 그가 심하게 고통받거나 부당한 대우를 받는다면 정말 유감스러운 일이다. 그러나 인간은 그런 숙명과 조건 아래 태어나기도 한다. 이보다 더 나쁜 건 나약하고 무방비한 아이가 이런 공격의 대상이 되는 것이다. 더욱더 유감스러운 건 아이는 일반적인 수습 기간도 없이 인생의 초입에서 불구가 되어 떠밀린 채 당혹스러워하며 이미 쇠약해지고 험담의 충격으로 움츠러든 육체로 오랜 세월을 무기력하게 보내야 한다는 사실이다. 누구도 억울하게 비난받아서는 안 된다. 누군가 자신이 한 일 때문이 아니라 우리가 그러리라 예상한 일로 비난받는 것은 더 큰 재앙을 만드는 일이다.

그러나 험담에 반대하는 주장은 다소 지나친 면이 있다. 우리를 판단하지 않도록 우리도 다른 사람을 판단하지 말고 누구도 나쁘게 말하지 말라고 가르치는 것은 잘못된 도덕 체계다. 칭찬이든 질책이든 거짓말은 잘못이다. 진실을 숨기는 것도 일종의 거짓말이다. 다른 사람이 판단하지 않기를 바라지 말고 부당하게 판단하지 않기를, 그리고 우리가 다른 사람을 대하는 것과 같은 척도로 우리를 판단하기를 바라야 한다. 나는 그 사람이 누구를 비난할 만한 공화주의자적인 대담함도 없다면 그의 박수갈채에 기뻐하지 않는다. 솔직함은 아마도 가장 중요한 미덕일 것이다. 아니면 적어도 솔직함 없이는 용맹하고 진보적인 차원의 미덕은 존재할 수 없을 것이다. 우리 생각을 진실하고 적절한 언어로 표현하는 것은 우리가 할 수 있는 가장 건전한 활동 중 하나다. 이런 활동 없이 우리는 정확하고 올바르게 생각하는 법을 배울 수 없다. 그것은 우리가 생각을 점검하고 그 부조리함과 근거 없는 특이점과 과장을 부끄러워하도록 가르친다. 처음에는 그저 의견에 불과했던 것을 체계와 학문으로 숙성시킨다. 우리가 이웃의 장점을 말할 때 저지르는 대부분의 실수는 생각하는 바를 솔직히 말해서가 아니라, 연습과 기술 부족으로 엉겁결에 생각지 않은 것을 말하는 데서 생긴다. 우리는 우리 감정의 척도에 맞춰 말하지 않는다. 우리는 의견과 그 의견의 근거를 비교하고, 표현을 그 둘과 비교하는 데 머리를 쓰지 않는다. 우리는 갖고 있지도 않은 정서를 듣는 사람에게 전한다. 말하는 동안 심지어 우리의 판단력은 흐트러지기까지 한다. 그리고 우리의 결론을 분석하고 정리하고 다듬는 대신 우리 자신의 목소리에 귀를 기울이고, 문제에 맞게 말하지 않고 말이 나오는 대로 문제를 결정한다. 처음에는 생각지도 못하고 자신에 대해 부풀려 이야기하다 나중에는 듣는 사람에게든 자신에게든 취소할 용기도 양심도 갖지 못한다.

그러므로 아이를 위해 요구되는 바는 그들을 판단하지 말아야 한다거나 판단하기를 두려워해야 한다는 것이 아니다. 꾸준히 판단의 진정한 원칙을 세우려 노력하고 성급하게 결론을 내리지 않아야 한다는 것이다. 또 아이의 변화무쌍함을 기억하며 마지막까지 비난의 말을 삼가고, 무엇보다 삐뚤어진 상상력으로 사소한 발단이나 하릴없는 농담, 아직 덜 여문 생각에서 나온 순간적인 일탈을 속죄할 길 없는 잘못처럼 확대해서는 안 된다는 것이다.

편협한 도덕관과 터무니없이 냉혹하고 엄격한 판단 원칙을 가진 사람의 눈으로 보면, 나중에는 위대함의 징조였다고 생각될지 모르는 어린 시절의 다소 난잡한 행동이 흔히 측은함이 담긴 한탄과 혐오 섞인 애도의 대상으로 바뀌곤 한다.

나는 약간의 쓸모없는 화려함과 나를 두렵게 하는 약간의 자질을 보이는 아이의 미래를 가장 호의적으로 예상한다. 가장 풍부한 재능은 언젠가는 규칙성을 띠고 정돈되는데, 이런 특징은 그저 그런 재능을 가진 사람은 결코 얻지 못한다. 일견 남태평양에 비견되는 냉철함과 지조, 장엄하고 드넓은 평온함은 아마도 다소간 가장 뛰어난 정신의 특성일 것이다. 그러한 정신은 바람에 매번 흐트러지지 않고, 위풍당당한 항로를 따라 움직이고, 스스로 균형을 잡으며 자기 안에 중심을 두고 항상 위대하며 항상 가치 있고 항상 숭고하다.

그러나 그런 위대함의 조짐과 가능성이 존재할 뿐 아직 아이의 정신은 거기에 이르지 못했다. 강력한 기계장치도 조립하기 전까지는 그저 불가사의한 혼돈 덩어리로 보일 뿐이다. 그것을 이루는 부품과 기관은 사방팔방에 흩어져 있다. 모든 것이 어수선하고 미완성인 채다.

정신이 나약한 사람은 무절제해지기 쉽다. 강력한 정신은 아직 그 힘을 시험해 보지 않고 그 날개를 펼치지 않았을 때 때로는 우스꽝스럽고 때로는 위험한 불규칙성을 품고 있다.

운명이 예비한 힘을 의식하고 있지만 아직 강하다고는 할 수 없는 정신의 소유자는 종종 주제넘고 독단적이고 사납고 무정하고 불친절하고 격정적이며, 성격과 재능을 심히 엄격하게 판단한다.

그러나 이 문제는 결코 일반적으로 이해할 수 있는 것이 아니다. 나중에라도 결국 비범한 재능을 드러낼 운명인 아이라면 보통 현 시점에서는 아주 붙임성이 있을 것이다. 재능 있는 아이는 어떤 면에선 상냥하지 않기가 어려울 것이다. 그러나 어린 시절에 앞서 열거한 퉁명스러운 자질이 특유의 강점과 함께 나타난다면, 그 자취 중 일부가 근본적으로 성격에 섞여들고 심지어 무덤까지 그 사람과 함께하리라는 사실은 당연히 두려운 일이다.

인류의 극장에서 걸출한 역할을 맡을 운명인 사람의 어린 시절과 떼려야 뗄 수 없는 훌륭한 성격적 특성이 몇 가지 있다.

첫 번째는 호기심이다. 그의 정신은 의문점을 쫓고, 지식을 축적하고, 관찰하고, 조사하고, 결합하느라 끊임없이 바쁘게 움직일 것이다. 그러나 그의 호기심은 보통 고집이 세고, 자기 의지대로 움직이고, 스스로 선택한 방향으로 나아가고, 삐뚤어지고 아무런 이익이 되지 않는 추론에 자신을 낭비하고, 다른 무언가가 가리키는 쪽에는 힘을 쏟지 않으려 한다.

일찍부터 재능을 드러내는 사람의 두 번째 특징은 솔직함이다. 흔치 않은 재능을 지닌 아이는 종종 독단적이고 거칠며, 매우 불충분한 근거를 바탕으로 혼자 내린 결론을 오만한 태도로 아주 무례하게 주장할 것이다. 그러나 다정한 목소리와 감정이 그의 귀에 닿는 순간 마치 마법처럼 그는 스스로를 돌아보고, 그때까지 드러나지 않았던 정직하고 두려움 없고 저항할 수 없는 솔직함을 보여 준다. 그렇지만 일반적인 경우 평범한 관찰자에게 그는 솔직하기보다 그 반대처럼 보일 것이다. 빈약한 근거를 이용하면서 제멋대로에 고집불통이고 무기력하기까지 한 노인과 어른의 고압적인 말투를 들으면 그는 거칠고 버릇없이 화를 내며 반발한다.

일찍부터 재능을 드러내는 사람의 세 번째 특징은 비범해지고자 하는 열망이다. 그는 특별한 사람이 되고 싶다는 욕망에 불타오른다. 그는 군중 속에서 우왕좌왕하는 것을 견딜 수 없다. 자신이 찬성하는 의견을 다른 사람도 인정하도록 어떻게든 환심이라도 살 수 있을 때를 제외하고는 만족하지 않는 것이 인간의 본성이다. 그러나 이러한 특징은 앞의 다른 특징처럼 지켜보는 이를 자주 실망시킬 것이다. 학생은 자기가 좋아하는 비범한 분야를 선택해 왔고, 보통 그를 다른 방면으로 끌어들이려는 유혹에 냉담하게 반응할 것이다. 그는 아마 칭찬에 대해서도 섬세한 기호를 가지고 있을 것이다. 역겨운 아첨과 시대에 뒤떨어진 상냥함을 가장한 영혼 없고 지루한 찬사 혹은 계략에 빠뜨리거나 매수하려는 의심스러운 목적에서 나온 칭찬은 아이의 인내심을 시험하거나 혐오감만 자극할 것이다.

아이가 너무 자주 매우 심하게 비판받는 결점 중 하나는 자만이다. 이 결점은 확실히 재능이 없는 아이보다 재능이 넘치는 아이에게 더 잘 나타난다. 그는 마치 명예직에 새로 내정된 사람처럼 권위 행사나 화려한 장식에 아직 익숙하지 않다. 자만은 다른 모든 사람도 저지르는, 우리의 관용이 필요한 잘못이기도 하다. 왜냐하면 세상 대부분의 일이 그렇듯 일시적인 것이 확실하기 때문이다. 스스로 남다르다는 점에 익숙한 아이는 얼마 지나지 않아 쉽게 자만하게 될 것이다. 재능 있는 사람은 정신 활동과 끊임없이 관찰하는 태도 덕분에 같은 기간에 보통 사람보다 열 배의 경험을 압축할 것이다. 매일의 경험은 그에게 전날의 잘못에 피드백을 제공할 것이다. 그는 자신의 실수를 알아차리고, 자신의 부조리함을 경멸하며 잘못과 치욕에 많이 괴로워할 것이다. 그리고 어린 시절의 거품이 사라지고 나면 틀림없이 조심스러워지고 스스로를 의심해 볼 것이다. 말하자면 겸손해질 것이다.

자만심과 관련해 한 가지 더 언급할 게 있다. 아이의 자만심은 특별히 솔직하고 분별력 있는 눈으로 관찰하지 않는 한 일반적으로 혐오스러운 수준을 넘어설 것이다. 이런 자만심은 냉담하고 이기적이고 뻔뻔하고 세련되지 않은 감정이다. 아이가 성인이 되면 자만심은 마음속의 더 나은 애정과 너그러움으로 완화되어 냉정함은 활기로 바뀌고, 날선 태도는 누그러지고, 자만심을 붙들고 있던 완고함은 떨어져 나갈 것이다. 현명한 관찰자라면 이런 상황을 반드시 고려할 것이다.

한 가지 더 논의할 점은 어린 시절에는 유망해 보이지 않았지만 이후에 앞서 언급한 것보다 훨씬 더 중요하게 여겨지는 특징에 관해서다. 즉 아이의 지나친 행동과 도덕을 거스르는 행위에 관련된 것이다.

어른과 걱정 많은 부모 그리고 신부복을 입은 공론가들은 이 주제를 천인공노할 만큼 심각한 문제로 여긴다. 강하고 특별한 정신은 그 강점이 미덕뿐만 아니라 악덕과도 섞이는 성향이 있다는 점을 기억하자. 흔히 이런 식으로 경험에서 더 없이 귀한 교훈을 축적하는 법이다. 어린 시절의 성급함을 가라앉힐 시간을 가져야 한다. 어린 시절의 모든 특징 가운데 온순함은 가장 불길한 전조다. 이제 막 사춘기에 접어든 아이는 마치 혈통이 좋고 기개 있는 말처럼 구속을 참지 못해 재갈을 물고 땅을 박차고 뛰어나가려 할 것이다. 그는 한동안 극도의 흥분 상태로 지낼 것이다. 그 시간이 짧다면 후회할 일은 거의 없을 것이다. 절제와 반성의 시기가 차례로 올 것이고, 만약 그때 현명하고 사려 깊고 다정한 친구가 그의 정신이 제대로 기능하도록 도와준다면 금상첨화이리라.

노인이 자주 젊은이에게 사치스럽다고 가혹하게 질책하는 것보다 진정한 정의와 개화한 도덕에 반하는 일은 없다. 나이 든 사람은 암울한 예감에 사로잡히고, 염세주의를 탐식하고, 불길한 예언을 무자비하고 잔인하게 쏟아 낸다. 그들은 냉정하고 둔하고 순종적이며 자기 의지도 이해력도 없는 젊은이에게만 찬사를 보낸다. 그들은 솔직함과 진보적 정의에 대해 아는 바가 없다. 젊음의 변화무쌍함을 용납하지 못하고, 미래에 무엇을 회상하고 어떤 지혜를 가질지도 충분히 예감하지 못한다. 단 한 번의 실수도 용서하지 않는다. 한 번의 우연한 실패로 성격을 판단하고, 그 실패를 충분히 보상하고도 남을 만큼 위대하고 존경할 만한 자질에는 그 황송한 관심을 두지도 않는다. 그들은 폭정의 원칙에 대한 상징적 교훈을 전하려 할 때 들먹이는 고대 폭군에 비유될 수도 있는데, 그는 옥수수밭을 지나면서 단조롭고 무미건조한 다른 이삭들 위로 대담하게 머리를 내밀고 웃자란 이삭을 모두 베어 버렸다.●

그러나 우리는 유년 시절에 충분히 솔직하고 자유분방할 수 있다고 해도 공정한 판단의 원칙을 잊어서는 안 된다. 우리가 용서한 일이 종종 후회를 남기기도 한다. 어린 시절의 과도함이 명성에 오점을 남길 뿐만 아니라 기질을 타락시키고 인격을 떨어뜨리는 경우가 매

● 밀레토스의 참주 트라시불로스는 코린토스의 2대 참주 페리안드로스가 보낸 전령을 옥수수밭으로 데려가 말없이 웃자란 옥수수를 베었다. 이는 조금이라도 저항하거나 다른 생각을 하는 자를 어떻게 다뤄야 하는지 보여 주는 것이었다.(옮긴이)

우 빈번하다. 인간은 분별력을 갖추는 나이에 도달해서도 어린 시절의 어리석음을 모두 떨쳐 버리지는 못한다. 거칠고 사려 깊지 못한 아이는 종종 성격의 가장 나쁜 특성을 어른이 되어서도 가지고 있을 것이다.

그러하기 때문에 우리는 성향이 뒤섞인 어른을 자주 만나게 된다. 우리는 존경할 만한 재능과 훌륭한 기질에도 불구하고 그 재능과 미덕을 습관적인 경솔함으로 망쳐 버리는 사람을 종종 본다. 제대로 된 정신을 가진 사람이라면 이들을 사랑하지 않을 수 없다. 그들의 약점에서 기인하는 특정 형태의 다정함이 사람들의 애정을 불러일으킨다. 그러나 그들은 선을 쌓는 대신 남의 감탄에 들뜨다 세상을 떠나 버린다. 그렇지 않다고 해도, 만약 그들이 유능했다면 그 유능함은 이런 약점이 없이 그 위대한 자질로 생성할 수 있었던 것에는 절대 미치지 못할 것이다.

때로는 어린 시절의 어리석은 행동이 영향을 끼친 나쁜 결과가 이것보다 훨씬 더 좋지 않다. 재능은 그대로지만 성격은 타락하게 된다. 그런 사람은 우리의 감탄을 자아내기도 하지만, 우리는 그의 능력을 희망보다는 두려움에 가까운 감정으로 바라본다. 솔직함, 선량한 마음의 소박함은 사라지고 없다. 그들은 교활하고 기만적인 사람이 된다. 야망이라는 부정한 정신에 사로잡혀 내면의 자비로운 순수함과 열정을 잃어버린다. 그들은 정세의 바다로 진출할 수도 있다. 아찔한 유행의 현장에 섞여 들고, 온갖 저열한 기술을 접하고, 그걸 이용해 사치스러운 생활을 하고, 갑작스레 한밑천을 잡기도 한다. 그리고 국가의 핵심 기관을 등쳐 먹을 기회와 수단을 손에 넣지 않는 한 근면하고 부주의한 사람들을 등쳐 먹는다.

13

{ **금욕** }

인간이 누리는 가장 큰 혜택으로, 적어도 그것 없이는 다른 것도 진정으로 누릴 수 없는 것이 자립이다.

다른 사람의 친절에 기대어 사는 사람은 항상 크건 작건 어느 정도 비굴한 마음이 있다. 그는 아직 인간이 어떤 존재인지 느껴 보지 못했다. 아직 자기 정신의 근육을 시험해 보지 못한 채 본성의 숭고함만을 주시해 왔다. 자신에 대해 생각해야 할 것 말고는 생각하지 않지만 냉철한 자기 인식하에 스스로의 능력에 대한 확신을 즐기는 사람의 진정한 활력과 자아 존중감은 그에게 생소한 정서다. 그는 내일 무슨 일이 일어날지 모른다. 지략이 이미 바닥났기 때문이다. 그러나 내일을 가정하지 못하는 사람은 오늘을 즐길 수 없다. 자립하지 못한 사람은 변덕스러운 세상사 때문에 불안에 떨거나 아니면 무기력한 영혼 덕에 마음 편히 살거나 해야 한다.

자립의 확립과 유지에 관련된 문제는 사치스러운 삶에 대한 우리의 취향이나 탐닉과 밀접하게 연결되어 있다. 이 가운데 탐닉에 대해서는 다양한 의견이 제시되어 왔다. 그중 하나는 특정 종파의 종교가들이 극단적으로 실천해 온 것이다. 그들의 교리는 일반적으로 금욕이라는 이름으로 알려져 있다. 금욕은 정신이 육체보다 우월하다는 가정에서 행해진다. 지적 쾌락과 감각적 쾌락 사이에는 뚜렷한 차이가 있고, 어느 정도로 받아들이든 간에 한쪽이 다른 쪽을 배제하는 경향이 있다. 사색에 몰두하는 사람은 특별히 의도하지 않더라도 다소간 몸이 수척해질 것이다. 연구하는 사람이 식욕을 억제하지 않으면 정신의 활기와 지적 감각의 섬세함, 영적 풍요로움을 잃을 위험이 있다.

일반적으로 지적 쾌락과 감각적 쾌락 중에 어느 한쪽을 더 선호하기 마련이다. 그러나 유감스럽게도 인간의 정신은 후자보다 전자를 선택할 때 망설이도록 구조화된 게 분명하다. 동물과 인간의 공통점은 인간만의 특징만큼이나 그렇게 대단한 것이 아니다. 학문으로 갈고닦고 안목으로 제련한 지성을 가진 사람은 가장 확실하고 가장 광범위하고 가장 정제된 행복의 원천을 갖게 되고, 천재적인 열정으로 격려받고, 자유롭고 자비로운 사람에게 칭찬받는다. 이런 사람은 대식가나 쾌락주의자, 난봉꾼과는 비교가 안 된다.

지적 체계를 갖춘 사람이 이러한 전제에서 도출한 추론은 다음과 같다. 어떤 감각적 쾌락이 신체 기능을 손상하는 경향이 있다면 피해야 한다. 또한 이웃에게 상처를 입히는 경향이 있거나 계략과 속임수를 쓰는 습관이 들게 한다면 피해야 한다. 여기까지는 모든 도덕적 체계와 이성적 행동이 일치한다. 그러나 금욕을 말하는 설교자는 이러한 제한에 덧붙여 감각적 쾌락을 자주 탐닉하지 못하게 금지하자고 말한다. 감각적 쾌락에 너무 높은 가치를 두고 우리 본성의 가장 훌륭하고 고귀한 면보다 가장 저열한 면을 앞세워 스스로 고통에 빠지는 위험을 막기 위해서 말이다.

이 새로운 제한의 원칙을 상정했으니, 이 종파의 종교가들이 밀어붙이지 못할 비현실적이고 역겨운 극단적 상황이란 없었다. 그들은 모든 감각적 쾌락을 정신의 순수성과 위엄에 대한 훼손으로 간주하고, 지적 쾌락 자체에 대해서도 비난을 아끼지 않았다. 그들은 사람들에게 박해와 재앙을 자초하도록 가르쳤다. 인생의 행로에서 가시밭길을 걸으며 기뻐했다. 슬픔과 고뇌와 굴욕을 인간 존재의 장식이자 명예로 표현했다. 모든 세속적인 것은 허영이자 공허한 것이라고 설교하고, 선량한 사람과 현명한 사람이 자신이 맛볼 수 있는 어떤 감각에서든 만족감을 느끼는 것은 부끄러운 일이라고 주장했다.

이러한 관념은 앞으로 찾아올 기회에 대한 특정 추측과 현재의 삶에서 얻을 수 있는 모든 이익을 기꺼이 맞바꾸겠다는 사람의 사고방식과 충분히 일치할 수 있다. 그러나 그런 관념은 자유롭고 계몽된 도덕 체계에는 들어설 자리가 없다. 쾌락이나 행복은 도덕의 유일한 목적이다. 우리든 다른 누구든 더 큰 즐거움을 더 작은 즐거움과 맞바꾸는 경우는 없고, 상당한 즐거움을 주리라는 확신이나 가능성이 있는 계획을 허황된 추측과 맞바꾸지도 않는다.

그러므로 이러한 터무니없는 독단을 일축하더라도, 우리 본성의 더 나은 측면을 실질적으로 향상하는 데 기여하기 위해 감각적 쾌락의 영역을 얼마나 희생하거나 억제해야 하는가라는 문제가 남는다.

왜 이런 억제가 지나치게 가혹해서는 안 되는지 분명한 이유가 있다.

감각적 쾌락과 지적 쾌락이 어떤 식으로도 양립할 수 없다고 생각하는 것은 잘못이다. 대단한 에너지를 가진 사람에게는 다양한 방면에서 바쁘게 움직이고 본성의 모든 측면을 함양하는 것보다 바람직한 일은 없을 것이다. 인간은 내면에 하나의 작은 세계를 가지고 있고, 그 세계의 모든 부분은 관심을 받아 마땅하다. 현명한 사람은 건강한 정신뿐만 아니라 건강한 육체도 바랄 것이다. 그는 한 사람의 완전한 인간이 되고자 할 것이다. 이러한 목적을 위해 그는 운동하고 신체의 모든 근육을 강화할 것이다. 자신의 몸이 고난과 부침을 견뎌 낼 수 있도록 준비할 것이다. 왕성한 소화력을 발휘하고 미각기관의 섬세함을 키울 것이다. 이성 간의 교제에 부가되는 감정, 유대감 그리고 무의식적인 과정과 동물적 경제●를 소홀히 하지 않을 것이다.

인간이라는 장치의 모든 부분은 조화를 이루며 공명한다. 활기차고 활력 있는 신체적 기질은 지성을 발휘하는 데 유리하게 작용하고, 향상된 지적 상태는 감각적 쾌락을 고조시키고 순화한다. 위대한 인격자이자

● 동물적 경제란 18세기 심리학자들이 사용한 용어로, 신체의 모든 기관이 개별적인 감정을 지니고 있고 전체 유기체는 그 감정의 합이라고 보는 것이다.(옮긴이)

현대적 의사인 브라운은 인간에게 삶은 부자연스러운 상태이며 죽음이야말로 인간 존재의 진정한 조건이라고 주장했다. 만약 이 이론이 받아들여진다면, 진정한 지혜는 우리를 삶에서 죽음으로의 과정으로 인도하고, 그 과정은 우리를 활기로 채우고, 우리 신체와 본성의 모든 부분을 활동적으로 유지하게 할 것이다. 이렇게 해서 우리는 언제나 우리를 기다리는 적인 죽음에 아주 효과적으로 대항할 수 있다.

감각적 쾌락에 대해 가져야 할 어느 정도의 관심과 거기에 부여되어야 할 수양에 찬성하는 다른 의견은 인간의 동물적 감각이 우리 지식의 매우 중요한 자료가 된다는 것이다. 우리는 과학의 모든 분야를 그토록 뛰어나게 설명해 주는 대부분의 이미지를 바로 감각에서 도출해 낸다. 자연과학과 도덕의 가장 큰 목표 중 하나는 우리의 감각적 인상을 판별해 내는 것이다. 이런 내용에 마땅한 주의를 기울이지 않았던 사람은 우리가 여기에서 논하려는 문제를 현명하게 판단해 보려 해도 헛수고일 것이다. 그가 다루거나 평가할 자격이 없는 주제가 너무 많기 때문이다.

게다가 우리의 세밀하고 추상화된 관념은 모두 감각적 사고로 주조된 것이다. 무엇보다 고귀하고 순수한 것이 있다면, 그것은 그 재료의 원천에 빚을 진 셈이다. 그러므로 생생한 지성을 가진 사람이라면 신선하고 활력 있는 감각의 인식도 신경 써서 유지해야 할 것이다.

우리가 보통 보게 되는 이해가 느리고 단순하고 분별력이 예민하지 못한 사람은 이것 때문일지도 모른다. 반면 우리는 일상적으로 건강한 육체뿐만 아니라 섬세하고 생생한 신체적 감각도 갖춘 사람에게만 섬세한 취향이나 뛰어난 상상력, 심오한 지적 논의를 기대한다.

섬세하고 활기 있는 외적 감각에서 파생되는 이점을 알아보았으니, 이제 문제와 직결되는 부분으로 돌아가 보자. 우리 본성의 더 나은 측면을 향상하기 위해 감각적 쾌락을 얼마나 희생하거나 억제해야 하는가.

첫째, 우리가 이미 증명하려 애썼던 것처럼 지적 쾌락이 감각적 쾌락보다 우선할 자격이 있다면, 당연히 지적 쾌락이 우리 시간표에서 가장 먼저 고려되어야 하고 우리 삶의 가장 중요한 부분을 차지해야 할 것이다. 따라서 정신의 모든 에너지를 욕망의 탐닉에 바치는 사람보다 더 경멸스러운 경우는 없을 것이다. 상대적으로 말하자면 그리고 그런 표현을 써도 된다면 감각적 쾌락은 이제 구석으로 밀려난 것처럼 보인다. 그러나 우리는 감각적 쾌락을 최우선으로 추구하지는 않더라도 금지해서는 안 된다.

둘째, 우리는 감각적 쾌락을 거기에 쏟는 시간 측면에서 매우 좁은 범위 안에 가두지 말아야 할 뿐만 아니라 우리의 이해를 흩트리거나 도취하지 않도록 주의해야 한다. 감각적 쾌락을 앞서 언급한 측면에서 금지하지 않되 적절하게 종속시키려면 이런 시도가 꼭 필요하다. 만약 감각적 쾌락을 우리의 사고 안에 마련한 자리에 두지 못하다면, 다른 모든 대상을 빠르게 공격하고 정신을 소란과 혼돈의 장으로 바꾸어 놓을 것이다. 지적이고 고상한 것을 추구하는 데는 침착한 성향이 요구된다. 정신은 적절하게 중심을 잡고 쉬어야 하며, 안정적으로 자유롭게 주위를 둘러보아야 하고, 현재의 관심 대상에서 벗어난 다른 생각이 방해해도 흐트러지지 않아야 하고, 검토 중인 사안에 대해 엄격하고 끈질기게 연구를 할 수 있어야 한다.

감각적 쾌락에 대한 욕구를 절제해야 하는 또 다른 이유는 앞서 언급한 것처럼 우리의 자립을 유지하기 위해서다.

자립해서 사는 데 불안을 느끼는 사람은 인간에게 필요한 건 얼마 되지 않는다는 사실을 한결같이 명심해야 한다. 그 필요에 의해 우리는 지배당하고 수천 가지 방법으로 인간 사회와 연결된다. 필요는 그것에 헌신하는 사람을 살아 있는 모든 존재의 노예로 만든다. 필요는 영웅과 겁쟁이 사이의 모든 차이를 만든다. 진정으로 용기 있는 사람은 의무와 공공선이 요구할 때 흔쾌히 무수한 욕망을 포기한다. 특정한 욕구의 탐닉과 삶의 방식에 집착하는 겁쟁이는 그것을 빼앗길 수도 있다는 생각조차 침착하게 못한다.

> 그 변치 않는 흐름 속에
> 저 위의 태양이, 별이, 계절이 스쳐 지나가고
> 누군가 경외감으로 움직이지 못한 채
> 그것을 지켜보고 있으리.●

이것이 의심할 여지 없이 진정한 미덕의 특징이다. 이러한 미덕은 전적인 무관심이 아니라 적어도 차분한 마음으로 상황을 지켜보라고 가르친다. 우리가 가진 이점을 즐기라고 지시하고, 이후에 일어날 일에 대비하도록 한다. 가난과 역경 속에서도 우리에게 미소 짓는다. 공정한 관찰자가 매우 어려운 상황에서도 찾아내는 위안을 우리가 모으고 합쳐서 만족을 얻을 수 있게 한다.

재물과 관련해서 너무나 많은 사람이 굴복하는 약

●호라티우스, 『서한집』.

점은 그런 사람을 모든 사람의 권력에 어느 정도 휘둘리게 만든다. 만일 삶에서 거처와 사치품의 유무에 지나치게 민감한 사람이 있다면, 그의 평소 성향이 얼마나 도덕적인지는 별로 중요하지 않다. 이런 사람은 자기 자신의 주인이 아니다. 그가 비열한 짓이나 명예롭지 못한 행동을 하도록 유혹당한 적이 없다면, 그것은 그 자신의 미덕이 지닌 강점이 아니라 그저 행운에 감사할 일이다. 그는 진정한 노예다. 어느 정도 재산이 있는 사람이라면 자기가 원하는 대로 그에게 이래라저래라 명령할 수 있다. 그는 고기 한 점에 현혹되어 수많은 자세와 우스꽝스러운 속임수를 배우도록 꾀인 짐승과 같다. 그는 그럴듯하고 공허하며 파경 직전인 삶을 선하게 마무리할 것인지, 반대로 사는 동안 내내 미움과 비난을 받을 것인지 알지 못한다.

덕을 쌓고 싶고 그렇게 남고 싶은 사람은 조금은 만족하는 법을 배워야 한다. 감각적인 여흥을 삶의 목적을 위해 사용하되 이런 여흥을 위해 살아서는 안 된다.

그렇다면 욕망의 노예가 아닌 사람은 얼마나 엄격하게 자기 욕구를 절제해야 할까?

무절제한 탐닉 속에 살아가다 적당한 기회가 찾아와 미덕에 눈뜨게 된 사람은 인생의 이런 장신구보다 자신이 우월함을, 불행과 궁핍에 기분 좋게 고개를 숙일 수 있음을 보여 준다.

　　그러나 자신의 용기에 의지해도 된다고 생각하고 싶은 사람이라면 스스로 그렇게 의심스러운 실험에 노출되지 않도록 해야 한다. 일을 시작한 초반에는 용감한 기상으로 가득했던 사람이 뜻밖의 만족감에 서서히 정복당하는 일은 흔하다. 이러한 상황에는 특별히 위험한 점이 있다. 그런 사람은 자신이 이전에 얼마나 흔쾌히 불편에 굴복했는지 기억하면서도 전보다 더 못한 사람이 되었다고 느끼지도 않고, 그렇다고 자신을 설득할 수도 없다. 그는 사치가 자기 영혼의 모든 에너지를 잠식하는 방식에 주의를 돌리지 않는다. 사치가 그의 심장을 휘감고 죽을 때까지 떨어져 나가지 않으리라는 것을 알지 못한다. 사치는 불행히도 타락의 독특한 특징 중 하나로, 은밀하고 교활하게 우리를 덮쳐 그 희생자보다 아무리 어리석더라도 지켜보는 사람이 더 쉽게 알아차린다.

14

{ **배움을 권함** }

지적 능력의 향상을 위해 어느 정도 노력했다고 말할 수 있는 사람을 주의 깊은 눈으로 살펴보면, 정신적으로 근면한 다른 모든 사람과 보통 독학자로 불리는 사람을 쉽게 구별할 수 있을 것이다. 여기에서 나는 독학자를 단지 정규적인 형식의 교양 교육을 받지 않았을 뿐 아니라, 거기에 더해 어떤 체계성과 끈기를 가지고 독서 과정에 몰두하지 않고 다른 사람의 생각보다 자기 생각을 연구하는 데 더 전념하는 사람을 가리키는 개념으로 썼다.

자신의 지식을 쌓을 수 있는 모든 수단을 수용하려 열성인 사람에게 독학자는 함께 교류하고 조심스럽게 관찰해 볼 만한 충분한 가치가 있다. 독학자는 두드러지게 독립성이 있다. 또한 일종의 대담한 사고방식을 가지고 있어서 사람들이 너무 쉽게 수용하는 고정되고 신성시되는 의견에 대해 몹시 흥분해서 반박하려는 경향이 있다. 새로운 생각, 대담한 의견, 용감한 질문이 떠오르더라도 좀 더 훈련된 지성을 가진 사람이라면 말하려 들지 않을 것이다. 독학자의 성찰에는 종종 적절한 면이 있어서 우리를 일깨우는 동시에 확신을 갖게 하기도 한다.

그러나 이러한 사람은 흔히 전체적으로 그리고 아마도 상당히 추론하는 기술이 부족하다. 그들의 주장은 충분히 정리되지 않고 논리적 순서도 명료하지 않다. 그들은 종종 문제와 전혀 상관없는 논리를 갖다 대고 논증에서 가장 중요한 단계를 말없이 생략한다. 매우 예리한 청자만이 이 단계를 보완할 수 있다. 이렇게 생략하는 이유는 잊어버려서가 아니라 애초에 그런 생각을 떠올리지 못했기 때문이다. 그들은 단어와 구절을 원래 의미를 훼손할 정도로 새로운 방식으로 무리하게 사용한다. 우리는 그들의 담론을 일상어로 번역한 뒤에야 그 장점을 가늠해 볼 수 있다. 이런 표현을 써도 된다면, 그들의 생각은 너무 불규칙하고 산만해서 그것과 뒤섞인 비유와 지혜에 의문을 갖게 된다. 독학자는 주장의 옳고 그름에 대한 증거보다는 생각의 소재만 갖추려 한다. 그리고 우리가 만약 그들의 어떠한 주장이라도 받아들인다면 그들의 허황된 논증은 제외하고 우리 스스로 완전히 다른 논증을 만들어 내야 한다.

여기까지 살펴본 독학자의 단점은 그나마 양호한 편이다. 많은 독학자가 혼자 공부하다 일종의 광기에 이르기도 한다. 그들은 생각에 일관성이 없을 뿐만 아니라 언어도 거칠다. 그들은 종종 누가 봐도 비현실적인 의견을 택하고, 다른 사람이 이해할 수 없을뿐더러 지나치게 환상적이고 신비한 방식까지 더해진 언어로 말하기 때문에 거기에 담긴 지혜를 제대로 표현하지 못한다.

독학자에게는 그들만의 또 다른 특징이 있다. 다른 부류의 사색가는 자신의 의견에 회의적이다. 그들은 자신이 읽는 책을 쓴 저자의 영혼으로 조심스럽게 들어가 끊임없이 작가가 제시하는 전체적인 일련의 논리를 따라가고, 심지어 적대자의 주장까지도 흡족하게 소화해 낸다. 그러나 독학자는 그러지 못한다. 자신의 생각을 전혀 의심하지 않는다. 만일 그가 관대하다면, 인간의 이해력이 부족함을 느끼고 인간의 생각은 다양할 수밖에 없음을 알아서라기보다 추상적인 추측이나 자신은 관대하다는 우월감 때문이다. 일상적 대화와 교제만 놓고 봐도 그가 자주 편협함에 빠지지 않는다면 더 이상할 것이다. 많은 경우에 독학자가 자기 의견에 대한 반박을 참지 못하고 반대하는 사람에게 품위 없고 편협한 비난을 쏟아 낸다 해도 전혀 이상할 게 없다.

자기주장만 생각하고, 엄격한 의미에서 오직 자신에게만 귀를 기울이는 것은 논객에게 너무나 흔한 특징이다. 그들의 목적은 자신의 의견에 오류가 있는지 알아내려는 것이 아니다. 단지 자신과 의견이 다른 사람을 설득해 마음을 바꾸려는 의도뿐이다. 이것은 모든 사람이 종종 저지르는 잘못이지만, 독학자는 특히 더 그렇다. 재능이 있고 성찰할 줄 아는 사람은 일반적으로 먼저 다른 사람의 생각을 듣고 다른 이의 글을 공부하면서 배운다. 그들의 무모한 성향과 고집스러운 정신은 오랜 훈련으로 길들여져 순수한 흥미를 느낄 수 있는 능력을 갖춘다. 내가 그런 사람에게 말을 걸면, 그 대화는 헛되지 않다. 그러나 독학자에게 말을 걸면, 마치 허공에 대고 말하는 듯한 상황이 너무 자주 벌어진다. 그는 내가 옳을 수도 있다는 의혹 따윈 전혀 갖지 않기 때문에 어떤 점에서 내 의견이 옳다고 주장할 수 있는

지도 전혀 궁금해하지 않는다. 정말 우스꽝스러운 광경은 그런 사람끼리 같은 문제를 두고 논쟁을 벌이는 모습이다. 각자 자기 말에만 귀를 기울이고 상대방의 주장에는 귀가 먹은 것처럼 굴면서 겉으로만 예의 바른 척한다.

독학자에 대한 이러한 설명으로 당연히 추론할 수 있겠지만, 나는 내가 관심을 둔 전도유망한 젊은이가 스스로 그들 중 한 명이 되기보다 그저 가끔 그런 사람과 어울려 보기를 바란다.

그러나 이 말은 꼭 해야겠다. 독학자가 지적 능력을 향상하고자 노력하는 사람 중에서 어떤 지위에 있든 간에, 명민하고 유능한 사람이라면 제도권 교육과 학문적 격려의 모든 혜택을 누린 사람보다 훨씬 더 자발적으로 혼자 공부해 왔다는 점을 고려해 특별한 존중을 받아야 할 것이다.

간혹 독학자는 여기에서 열거한 중요한 불이익 아래에서 노력하는 사람이 아니라 가장 운이 좋은 사람이라고 말하는 경우가 있다. 그리고 만약 그 말이 정당하고 제대로 된 근거가 있는 것으로 받아들여질 수 있다면, 가르침을 위한 것이건 즐거움을 위한 것이건 이들에게 인류의 희망이 있다는 일종의 장광설이 널리 떠다

닌다.

사람들은 그간 책벌레를 조롱하려고 얼마나 입심 좋은 비난을 쏟아 왔는가! 그들은 끈기 있는 독서 습관이 상상력을 죽이고 이해의 폭을 좁힌다고 말했다. 게다가 독서 습관은 다른 사람의 관념으로 지능에 과부하를 줘서 그것을 소화하지 못하게 하고, 더 큰 이유로 지능이 타고난 능력을 펼치지 못하게 한다고 했다. 또한 독창적이고 뛰어난 사람은 다른 사람의 말을 듣기보다 명상을 하고, 책을 읽기보다 산책을 해야 한다고 했다. 체계적인 연구 활동에 헌신하는 사람은 근면함과 선한 의도로 칭찬을 받을 수도 있다. 그러나 동시에 방향을 잘못 잡은 근면함에서 기대할 수 있는 유일한 결과는 공들인 바보짓의 풍성한 수확일 수도 있다.

이런 종류의 열변이 일반적으로 인기가 있었던 것은 당연하다. 그런 말은 인간 정신의 가장 기본적인 열정 중 하나인 게으름을 두둔한다. 우리가 각 시대에 사람들이 어떤 생각을 했는지 깊이 있게 알기는 어렵다. 지식의 언덕으로 향하는 오르막길은 가파르고, 그 꼭대기에 오르려면 불굴의 의지가 필요하다. 그러나 이런 열변은 우리를 모든 면에서 낙담시키기고, 우리 영혼에 연결된 모든 신경을 끊어 버린다. 그 말에 감염된 사람은 더는 "마음의 허리를 동이고 근신"●하지 못하고 자신의 일생을 목적 없는 도락에 맡기고 만다. 그 효과는 종교적 신념의 그것과도 같아서 동기와 행동 그리고 행동과 행동 사이의 연관성을 모두 부인하게 하고, 그 숭배자에게 경건하게 복종하며 우리의 경계심과 노력이 주는 이득을 대신할 초자연적 힘이 나타나기를 기다리라고 지시한다.

그러나 배움과 재능이 대립한다는 주장은 아무런 근거도 없다. 독서를 경멸하는 사람도 책을 읽는 사람과 대화를 나눈다. 현명한 관찰자는 독학자가 어느 정도 발전한 나라에 살았는지 알면 그가 무엇을 할 수 있을지 미리 개략적이나마 추론할 수 있다. 사회에서 인간은 동료의 성향에 다양하게 영향을 받기 때문이다. 그는 마치 카멜레온처럼 자신을 둘러싼 사람들의 색깔에 자신을 맞춘다. 그러나 이런 면에서 가장 엄격하고 냉소적으로 독립적인 사람이 문학이나 책에서 간접적으로 깊이 영향을 받는다면, 그들은 책을 직접 읽고 접하는 편이 더 나을 것이다.

여기서 논의된 의견은 인간의 지적 본성에 대한 심각한 무지에서 비롯한 것 같다. 욕망에 끌려다니는 사람은 하잘것없다. 인생의 초창기에 인간은 짐승보다 더

무지하고 쓸모가 없다. 사람이 가진 모든 것은 세계와의 충돌 덕분에 생겨난다. 어머니와 유모는 아이의 정신을 원시적인 잠에서 깨어나게 한다. 그들은 여러 면에서 아이의 정신에 예민함과 안목을 불어넣는다. 또한 아이의 이해를 넓히고 일련의 열정을 차례로 불러일으킨다. 인생의 남은 부분은 처음과 똑같다. 그는 처음에 시작했을 때처럼 앞으로 나아간다. 그의 발전은 모두 첫 시작과 연결된다.

왜 인간은 야만적인 채로 있지 않을까? 그들은 서로를 기반으로 삼아 각자의 구조물을 만들기 때문이다. "다른 사람들은 노력하였고 너희는 그들이 노력한 것에 참여하였"●기 때문이다. 그렇게 인류는 함께 전진하고, 일세대와 희생한 사람들 그리고 특별한 혁명을 제외하고는 서로의 성취를 바탕으로 발전해 간다. 독학자는 이 근본적인 혜택을 포기하자고 제안하는 듯하다.

만일 내가 어떤 기술이나 학문 분야에서 성공하려면 우선 그 분야가 어느 정도 발전을 이루었는지 조심스럽게 알아봐야 한다. 그렇지 않으면 내가 태어나기도 전에 거듭 쓰였던 것을 더 못한 방식으로 다시 쓰는 셈이 될 뿐이다. 책이 다른 사람에게는 쓸모가 있겠지만 작가에게는 그렇지 않다고 단언하는 것은 지독히도

●「요한복음」4장 38절.

어리석은 일이다. 책은 누구보다 작가에게 가장 필요하다. 다른 한편으로 만일 책이 쓸모없다면 그가 작가인 이유는 뭐란 말인가?

모든 판단과 취향의 동인은 비교다. 가장 건전한 사고의 결을 가진 사람이 만일 더 나은 것을 보지 못했다면 당연히 가장 허술한 모조품에도 감탄할 것이다. 내가 만일 화가라면 안젤로와 티치아노,●● 루벤스와 라파엘을 주의 깊게 탐구하고 조사해야 할 것이다. 혹은 내가 역사가라면 헤로도토스와 투키디데스, 타키투스와 리비우스 혹은 다른 저명한 역사가의 저작을 관찰했어야 한다. 내가 비극 작가라면 소포클레스와 셰익스피어, 오트웨이와 라신의 작품을 연구하는 것이 바람직하다. 이들 또한 앞선 이들의 성공과 실패에서 의심할 여지 없이 이득을 보았다.

이런 수양 방식에 처음으로 오명을 씌운 교리는 재능이란 일종의 영감이자 하늘이 내린 비범하고 놀라운 선물로, 평범한 일련의 인과관계로 만들 수 있는 것이 아니라는 것이었다. 이 교리는 현시대에 많은 지지를 받지 못할 것이다. 지적 세계에서는 천재가 필연적으로 나타나기 마련이다. 이제 모든 지식은 감각을 통해 접근한다는 사실을, 그리고 만약 우리가 특별히 정교하

고 활발한 지적 능력을 발견한다면 그것은 서로 겹치는 다양한 상황과 무수한 연속적 자극으로 인한 것임을 인정해야 한다.

수양과 근면이 뛰어난 사람이 되는 데 필수라는 관념은 이제 다양한 글쓰기 기술보다 회화적 기예에서 더 일반적으로 인정되는 것 같다. 그러나 같은 이유로 회화 분야와 마찬가지로 글쓰기에서도 그것은 필요하다.

누구든 주의를 기울이는 것과 성취의 탁월함이 상충한다고 생각한다면 그것은 놀라운 일이다. 주목할 만큼 뛰어난 사람이 되려면 얼마나 꾸준한 관심이 필요할까? 그것은 새로운 것을 만들고, 이전에 언급된 것보다 더 나은 방식으로 말하고, 자신의 분야에서 앞선 이들이 생각지 못한 새로운 관점을 제시하고, 많은 사람의 관심을 사로잡고 유지할 수 있는 무언가를 내놓음으로써 뛰어남을 증명하려는 그 사람에게 달려 있다. 분명 이것은 놀이 삼아 할 수 있는 일이 아니다. 거인 아틀라스의 어깨에나 어울리는 짐이다.

내가 만일 시나 희곡이나 소설을 쓴다면 고려해야 할 점이 얼마나 많을까? 얼마나 사려 깊게 다루려는 주제를 골라야 할까? 얼마나 조심스럽게 "감당할 수 없지는 않을지, 어깨가 견딜 수 있을지"● 숙고해 봐야 할까?

●호라티우스, 『서한집』.

내가 선택한 주제에 대해 나는 얼마나 포괄적인 견해를 가져야 할까? 몸통에서 뻗어나간 부분 혹은 가지가 각각 잘 배치되어 그 자체로 온전히 아름답고, 존재와 형식 면에서 각각 독립적이면서도 뿌리에 의존해 완전한 덩어리로 유지될 때 나는 그것을 얼마나 정확하게 인지해야 할까? 얼마나 많은 학문 분야에서 이런 사례를 볼 수 있을까? 전혀 거리가 멀어 보이는 지식이라도 그 덕분에 내 연구는 더 나아졌고, 그런 지식에 대한 무지는 그 차이를 아는 눈에는 너무나 뚜렷하게 보일 것이다. 마지막으로, 이례적인 경우를 제외하고 어떤 작품도 문제 없이는 영원한 성공을 기대할 수 없다. 얼마나 신경 써서 문체를 세련되고 정교하게 다듬어야 할까? 그건 잠시 노력을 기울인다고 되는 일이 아니라, 그전에 오랜 고찰을 통해 매우 비범하고 정교한 미의식에 익숙해져야 가능한 일이다. 이런 모든 세부 사항은 이전에 축적된 어떤 방대한 지식 덩어리를 의미할까?

　　우리가 책에서 얻은 어떤 주제에 관한 지식과 대화에서 얻은 지식을 비교해 보면, 대체로 서로 얼마나 다른지 깨닫고 놀란다. 책은 정연하게 한 가지 주제를 다루고, 전체를 개관할 때까지 각 부분을 차례로 서술한다. 모든 것은 우리가 얼마나 집중하느냐에 달렸고, 우리가 원하는 대로 앞이나 뒤로 옮겨 가며 읽을 수 있다. 내용의 완전한 윤곽을 가늠하는 데 필요한 어떤 것도 빠뜨리지 않는 것이 책의 분명한 목적이다. 책은 평온하고 묵상하는 가운데서 쓰이고 수없이 수정된다. 그 과정에서 애매한 부분은 지워지고 결점은 보완된다. 반면에 대화는 우연히 이루어지고 제멋대로 전개된다. 진실의 본질은 여과되고 희석되어 그 핵심이 대부분 사라진다. 대화에서 자양분을 얻으려는 지성은 정기적이고 실질적인 수입을 얻으려는 사람보다 거지의 불안정한 생활방식을 더 선호하는 사람에 비유될 만하다.

체계적인 지식 추구에 반대하는 가장 일반적인 이유 중 하나는 그것이 조직적인 방식의 노력을 요구하고 결과적으로 더 자유롭고 품위 있는 재치를 발휘하는 사고에 방해가 된다는 것이다. 그러나 책이 요구하는 노력은 우리 자신의 사고를 발전시키는 데 필요한 노력과 같은 종류의 것이다. 그리고 다른 사람의 글을 연구하는 것은 자신의 작품을 창작하거나 교정하는 일과 놀랄 만큼 비슷하다. 최대한 끈기 있게 전력을 다해 자기 생각을 다른 사람의 생각과 맞추어 보는 것보다 개인의 사고를 향상하기에 더 나은 학교는 없다. 만일 근면한 성향이 일찍 형성되지 않고 어떤 형태로든 항상 책과 학문에 소홀할 동기가 되는 게으름에 한결같이 빠져들면, 정신은 결코 대담하고 치밀한 생각을 불러일으킬 수 없고 어떤 위대한 과업을 떠올리고 실행하는 데 필요한 항상성도 얻지 못할 것이다.

독서가 불공평한 오명을 얻게 된 이유는 진정한 독서 방식을 충분히 고심해 본 사람이 거의 없기 때문이다. 천문학자는 태양의 표면에서 발견할 수 있는 흑점이 연료의 일종으로 타면서 찌꺼기를 배출하고, 머지않아 태양 자체를 이루는 물질로 바뀐다는 사실을 확인했다. 독서에 있어서도 우리가 읽는 가설이 항상 머릿속에 충분히 이해되지 않은 채 이전과 똑같은 내용으로 덩어리째 남게 되면, 의심의 여지 없이 사고를 기형적으로 만들 것이다. 그러나 우리가 바른 태도로 책을 읽는다면 아무리 많은 책을 읽어도 좋을 것이다. 다시 말해 우리가 읽는 것에 자신의 성찰을 가미한다면, 작가의 생각과 주장을 분석한다면, 책의 각 부분을 비교해 오류를 찾아내고, 그 구성에 새로운 모델을 제시하고, 충분히 훌륭한 부분은 받아들이고 마음속으로 그렇지 못한 부분에 왜 반대하는지 이유를 설명한다면 말이다.

현명한 독자는 작가가 제시하는 생각보다 훨씬 더 많은 생각을 머릿속에 떠올릴 것이다. 그는 작가의 장점을 면밀히 살피고 주장을 세세히 따져 본다. 저자의 실수를 바로잡고 단점을 보충하면서 책을 구성하는 생각과 개념을, 그리고 그것의 바탕을 이루는 근거를 다시 한번 점검해 자신의 것으로 만든다. 가장 독단적인 학문 분야인 문법과 수학에서조차 그런 독자는 조언을 얻고 생각의 전환점을 찾는다. 따라서 독서와 배움을 계속해 나간다면 가장 귀중한 지식을 얻을 뿐 아니라 정신에 수많은 종류의 자극을 받고 더불어 다른 수단으로는 얻을 수 없는 기적 같은 기량을 완성할 수 있다. 무엇보다 중요한 점은 어떤 견해에 찬성하거나 반대할 기회를 얻는다는 것이다. 그는 이런 기회를 통해 편견과 오만함에서 나온 결단력 있는 성향에 기반하지 않고 그 자신의 관점으로 진실을 꿰뚫어 봄으로써 과감한 판단을 내릴 수 있게 된다. 심지어 회의주의의 냉철함을 절대 벗어던지지 못하고 가까운 사람과 자신의 말을 들어 주는 사람에 대해 판결을 내리는 임무를 수행해야 할 때조차 말이다.

오해를 피하기 위해 이 글은 배움을 권장할 의도로 썼다는 사실을 말해 두고 싶다. 나는 엄격하고 심오한 독서를 비난하는 부류가, 그것도 아주 많은 부류가 있다는 가정하에 이 글을 썼다. 이 글의 첫머리에서 독학자라는 용어를 어떤 체계성과 끈기를 가지고 독서 과정에 몰두하지 않는 사람으로 정의했다. 그리고 다른 부분에서는 그들이 독창적이고 뛰어난 사람은 다른 사람의 말을 듣기보다 명상을 하고, 책을 읽기보다 산책을 해야 한다고 여긴다고 말했다. 만약 이런 용어를 쓰는 것이 특이하게 들린다면, 적어도 독자가 이 사례에서 작가의 의도와는 다른 의미를 부여하지 않기를 바란다. 이 글에서 내가 주장하고자 한 원칙은 배움은 재능의 적이 아니라 동료라는 것 그리고 적절한 태도를 갖춘 독자에게는 결코 지나친 독서란 있을 수 없다는 것이다.

질문하는 법
: 스스로 묻고 해결하는 사람으로 키우기 위하여

2020년 9월 14일	초판 1쇄 발행
2021년 10월 4일	초판 2쇄 발행

지은이	**옮긴이**
윌리엄 고드윈	박민정

펴낸이	**펴낸곳**	**등록**
조성웅	도서출판 유유	제406-2010-000032호(2010년 4월 2일)

주소
서울시 마포구 동교로15길 30, 3층 (우편번호 04003)

전화	**팩스**	**홈페이지**	**전자우편**
02-3144-6869	0303-3444-4645	uupress.co.kr	uupress@gmail.com

	페이스북	**트위터**	**인스타그램**
	facebook.com	twitter.com	instagram.com
	/uupress	/uu_press	/uupress

편집	**디자인**	**마케팅**
류현영, 사공영	이기준	송세영

제작	**인쇄**	**제책**	**물류**
제이오	(주)민언프린텍	(주)정문바인텍	책과일터

ISBN 979-11-89683-69-6 04370
      979-11-85152-36-3 (세트)

이 도서의 국립중앙도서관 출판예정도서목록(CIP)은 서지정보유통지원시스템
홈페이지(seoji.nl.go.kr)와 국가자료공동목록시스템(nl.go.kr/kolisnet)에서
이용하실 수 있습니다.(CIP제어번호: CIP2020037233)